凡人的禅心

孙颢◎编著

中国华侨出版社

·北京·

图书在版编目 (CIP) 数据

凡人的禅心 / 孙颢编著 .—北京：中国华侨出版社，2010 . 6（2025 . 4 重印）

ISBN 978-7-5113-0332-5

Ⅰ .①凡… Ⅱ .①孙… Ⅲ .①禅宗—人生哲学—通俗读物 Ⅳ .① B946.5-49

中国版本图书馆 CIP 数据核字（2010）第 112218 号

凡人的禅心

编　　著：孙　颢
责任编辑：唐崇杰
封面设计：周　飞
经　　销：新华书店
开　　本：710 mm × 1000 mm　1/16 开　　印张：12　字数：131 千字
印　　刷：三河市富华印刷包装有限公司
版　　次：2010 年 6 月第 1 版
印　　次：2025 年 4 月第 2 次印刷
书　　号：ISBN 978-7-5113-0332-5
定　　价：49.80 元

中国华侨出版社　北京市朝阳区西坝河东里 77 号楼底商 5 号　邮编：100028
发行部：（010）64443051　　　　　传　真：（010）64439708

如果发现印装质量问题，影响阅读，请与印刷厂联系调换。

　　这婆娑世界便是一片苦海，无论如何都难逃尘世的重压，却又一切尽如镜花水月，繁华过后终成空。无论悲喜，哭过笑过之后，亦为惘然。所以，看惯这尘世浮沉之人，都欲求平静，却终是心有余而力不足。于是，依附于禅。那么禅为何物？事实上，禅的本质极其简单，只要放下知见分别、远离价值判断、取舍贪逐，透彻地直指事物本身，就可以明心见性。

　　然而，这世间有几人可以放下、远离、不贪？所以虽经苦修，却依然难成正果。所以，我们不必强求真实的解脱，只需将一颗狂躁、贪恋、执着的心放平和一点，再平和一点，不要太过狂躁、贪恋、执着，就会活得比原来真实、快乐。

　　我们不要老得太快，却聪明得太迟。人生算起来总共也不过是3万天左右的时间。倘若总是在匆忙的追逐中不得闲暇，不得安逸和快乐，岂不太痛苦？放下执着的贪恋、一切随缘、一切随性。那些曾经拥有的就让它远去，那些未来无知的就让它慢慢靠近，我们只需要抓住现在拥有的，感受真实的酸甜苦辣。这就是禅告诉你的简单生活。

累了的时候还是看一看那窗外的风景吧。那湛蓝湛蓝的天、洁白悠闲的云、娇艳欲滴的花可以使你感受到曾经在此驻足停留……

目录 / Contents

第一章 / **悟心悟性**
　　　　找到认识自己的最佳途径

"天上地下，唯我独尊。"佛陀一生下来就指天指地说了这句话，揭示人自身之可贵，绝对不可替代。恒河有万沙，但每粒沙都是宝贵的。所以，人不应从外物取物，要从内心取心。

第二章 / **悟苦悟乐**
做苦海中一个快乐的人

佛陀说："极乐世界"，这不是一张空头支票，而是真实存在的。人心欢乐时，整个世界都是美好的。如何得欢乐心？那就要做欢乐人：无愧、无执、无怒。

第三章 / **悟富悟贫**
不要让自己做一个心理的穷人

佛陀说："无执"，并指出"有执"是自毁本性。手上抓的东西多了，最后你会一样都抓不住。外物无限，但你心力有限。好东西是要不完的，别让它们断送自己。

第四章 / 悟生悟死
正确面对生死

佛陀说:"不应取法",讲万法归宗,真正的法只有一个,就是永恒的、不生不灭的自在法。你与死亡同体。所有生命都应该感谢死亡,因为如果没有它的限制,我们就真的死亡了。畏死者求生,怕黑的人自身放射光芒。

第五章 / 悟进悟退
自由进退、智者长存

佛陀说:"应无所住",也就是说不可停留。在你停留的地方,就是你的路终止的地方。

第六章 / 悟守悟立
变通当随时随势

佛陀说:"万法无滞",你不停留,便不会被困住,在该流动和超越的空间里,如果你依然保持原有的状态就只能被淘汰和遗忘。

第七章 / 悟爱悟恨
爱恨因缘而起

佛陀说:"色不异空"。指出空(虚无)与色(实有)相依存,当你感觉空虚时,你就获得了实实在在的空虚。这是你最大的收获,你将根据你收获的空虚收获等量甚至超量的快乐与幸福。

第八章 / 悟宽悟严
宽严有度则可自在安乐

佛陀说："能安忍之人，以安忍庄严其身，遇事皆能忍，安忍又为勤勉之人，所必有之行持。又修行之人，亦仗安忍之力，为自己之力，因安忍一事，能带来大福大乐。"

第九章 / 悟善悟恶
永为善事，永为善人

佛陀说："非身是名大身。"讲大身（大我）来自非身（非我）。要想修成金刚不坏之身，成就万世基业，就要把自己交给众人，这样才能完善自我，引领众生。

第十章 / **悟得悟失**
怀一颗平常心对待得失利害

佛陀说："应无所住。"就是要我们去掉执着心，不要执着于
某个目标，不要为求一点，而失掉一面。因为你只有一个，
而目标却可以是很多个。

第十一章 / **悟清悟浊**
糊涂地活着比清醒时更快乐

有的事不明白就不会牵肠挂肚，就会少一分烦恼，佛陀说：
"一切万法不离自性。"就是说人不可自寻烦恼，世人说我痴，
我就痴给世人看。

第十二章 / 悟礼悟道
礼遇他人于己无害

佛陀说："人于人群中，自未知他人，他人未自知，不应心自恃。"那些在人性上冷漠傲慢的人，很容易遭到突然的失败，而那些有礼有节、有爱心的人则可以得到人们加倍的尊敬和爱戴，并可因此获得持续不断的成功。

第一章

chapter 1

悟心悟性

找到认识自己的最佳途径

"天上地下，唯我独尊。"佛陀一生下来就指天指地说了这句话，揭示人自身之可贵，绝对不可替代。恒河有万沙，但每粒沙都是宝贵的。所以，人不应从外物取物，要从内心取心。

人应有自知之明

你我皆凡人，却总妄想做一个非凡人，知物之好坏，而希望得其精而弃其糟，恨不能网天下之精华尽收己囊。正如佛陀所说："不应取法，不应取非法。"明白自己的自身条件才是取诸于外的资本。如果你只知道要取物之精华而不知自己有没有与之相对等的能力，那就该是你一生中最大的憾事了。所以，人贵有自知之明。

南岳怀让禅师有一弟子名叫马祖，马祖在般若寺时整天盘腿静坐，苦思冥想。怀让禅师便问他："你这样盘腿而坐是为了什么？"

马祖答道："我想成佛。"

怀让禅师听完后，拿了一块砖，在马祖旁边的地上用力地磨。

马祖问："师父，你磨砖做什么？"

怀让禅师答道："我想把砖磨成镜子。"

马祖又问："砖怎么能磨成镜子呢？"

怀让说："砖既不能磨成镜，那么你盘腿静坐又岂能成佛？"

马祖问道："要怎么才能成佛呢？"

怀让答道："就像牛拉车子，如果车子不动，你是打车还是打牛呢？"

马祖恍然大悟。

当砖不具有成镜的特性时，你永远都无法把它磨成镜子。相对于人而言，这种道理同样适用。你永远是你，我永远是我，即使再加以雕饰，刻意模仿都无法彼此替代。因为这是由各自的特性所决定的。而这种特性又决定了各自的生存方式和生存状态。所以，你不必羡慕别人的优越之处，也不用诋毁别人的缺点。说不定你有比别人更优越的地方，只是你不曾认识到自己那光明的一面。也说不定你在诋毁别人缺点的时候，自己正犯着同样的错误，做着相同的傻事。只是你不曾认识到自己那黑暗的一面。

在喧嚣的尘世留一片可以静憩身心的领地，倦时燃一炷兰香，悠然独坐，也许你可以突然顿悟、参透人生的玄机——知己察己，方能取外物之精华而弃外物之糟粕。犹如伯乐识马，韩愈在《马说》里慨叹："世有伯乐，然后有千里马，千里马常有而伯乐不常有。"韩愈意在慨叹人生际遇之不平。然而，你若无千里之才，安能稳享千里马之遇？你若无伯乐之智，安能识世间良驹？所以，要求诸于外必先求诸于内。

悟语

人贵有自知之明，只有自知才能正确地评价自己，才不会犯蚍蜉撼树的错误，也不会畏首畏尾错失良机。仔细地观照自己的内心世界。

尊重自己的本性

凡尘俗事的纷繁芜杂使我们渐染失于心性的杂色。有时的呈现多了一点修饰，有时的语言少了一分真实。习惯于疲惫的伪装，总以为这样就可以赢得更多，过得更好。蓦然回首，那些希冀着的，仍需希冀，那些渴盼着的，仍需渴盼。唯独改变了的是自己的本性。请扪心自问："我是否在意过自己最真实的内心世界？尊重过自己的本性？"心会告诉你那个最真实的答案。有多少人曾想过改变自己，以追逐想要的一切，到头来才发现，自己做了一个邯郸学步的寿陵少年，不仅没有得到自己想要的，还丢了自己最初拥有的。那么，当初为什么就不能尊重自己的本性，做那个最真实的自己？也许正是因为没有悟到这个道理。

文喜禅师去五台山朝拜。到达前，晚上在一茅屋里借宿，茅屋里住着一位老翁。文喜就问老翁："此间道场内容如何？"

老翁回答道："龙蛇混杂，凡圣交参。"

文喜接着问："住众多少？"

老翁回答："前三三、后三三。"

文喜第二天起来，茅屋不见了，只见文殊骑着狮子步入云中，文喜自悔有眼不识菩萨，空自错过。

文喜后来参访仰山禅师时开悟，安心住下来担任煮饭的工作。一天他从饭锅蒸汽上又见文殊现身，便举铲打去，还说："文殊自文殊，文喜自文喜，今日惑乱我不得了。"

文殊说偈云："苦瓜连根苦，甜瓜彻蒂甜，修行三大劫，却被这僧嫌。"

有时我们因总把眼光放在外界，追逐于自己所想的美好事物，常常忽视了自己的本性，在利欲的诱惑中迷失了自己。所以才终日心外求法，因此而患得患失。如果能明白自己的本性，坚守自己的心灵领地，又何必自悔自恼呢？

诗人卞之琳写道："你站在桥上看风景，看风景的人在楼上看你。"带着妻儿到乡间散步，这当然是一道风景；带着情人在歌厅摇曳，也是一种情调；大权在握的要员静下心来，有时会羡慕那些路灯下对弈的老百姓，可是平民百姓没有一个不期盼来日能出人头地的；拖家带口的人羡慕独身的自在洒脱，独身者却又对儿女绕膝的那种天伦之乐心向往之……

皇帝有皇帝的烦恼，乞儿有乞儿的欢乐。当过乞儿的朱元璋变成了皇帝，当过皇帝的溥仪变成了平民，四季交错，风云不定。一幅曾获世界大赛金奖的漫画画出了深意：第一幅是两个鱼缸里对望的鱼，第二幅是两个鱼缸里的鱼相互跃进对方的鱼缸，第三幅和第一幅一模一样，换了鱼缸的鱼又在对望着。

我们常常会羡慕和追求别人的美丽，却忘了尊重自己的本性，稍一受外界的诱惑就可能随波逐流，事实上，每一个人都有自己独有的优点和潜力，只要你能认识到自己的这些优点，并使之充分发挥，你也必能成为某一领域的领军人物。

王羲之的伯父王导的朋友太尉郗鉴想给女儿择婿。当他知道丞相王导家的子弟个个相貌堂堂，于是请门客到王家选婿。王家子弟知道之后，一个个精心修饰，规规矩矩地坐在学堂，看似在读书，心却不知飞到哪儿去了。唯有东边书案上，有一个人与众不同，他还像平常一样很随便，只是聚精会神地写字，天虽不热，他却解开上衣，露出了肚皮，并一边写字一边无拘无束地吃馒头。当门客回去把这些情形如实告知太尉时，太尉一下子就选中了那个不拘小节的王羲之。太尉认为王羲之是一个敢露真性情的人。他尊重自己的本性，不会因外物的诱惑而屈从盲动，这样的人可成大器。

所以，做人没有必要总是做一个跟从者、一个旁观者，只需知道自己的本性就足可以成为一道风景。不从外物取物，而从内心取心，先树自己，再造一切，这才是你首先要做的。

〜 悟语

知道尊重自己本性的人才不至于迷失了自己，也才能清晰地看清自己要走的路。然而，这世间又有多少人遵从了自己的本性？

持一颗平常心

《小窗幽记》中有这样一副对联："宠辱不惊，看庭前花开花落；去留无意，望天上云卷云舒。"寥寥几字便足可看出作者的心境：无论何时何地，以平常心泰然处之，任世间起伏变化，我独守一寸心灵的净土，悠然独坐，外物的一切变化皆不能打扰我的内心。这就是人生入世时的境界，唯有如此方能从入世中的有我之境达到出世时的无我之境。

持一颗平常心，不为虚荣所诱，不为权势所惑，不为金钱所动，不为美色所迷，不为一切的浮华沉沦。

有一个人曾经问慧海禅师："禅师，你可有什么与众不同的地方呀？"

慧海禅师答道："有！"

"那是什么？"这个人问道。

慧海禅师回答："我感觉饿的时候就吃饭，感觉疲倦的时候就睡觉。"

"这算什么与众不同的地方，每个人都是这样的呀，有什么区别呢？"这个人不屑地说。

慧海禅师答道："当然是不一样的了！"

"这有什么不一样的？"那人问道。

慧海禅师说："有的人吃饭的时候总是想着别的事情，不专心吃饭；有的人睡觉的时候也总是做梦，睡不安稳。而我吃饭就是吃饭，什么也不想；我睡觉的时候从来不做梦，所以睡得安稳。这就是我与众不同的地方。"

慧海禅师继续说道："世人很难做到一心一用，他们总是在利害得失中穿梭，囿于浮华的宠辱，产生了'种种思量'和'千般妄想'。他们在生命的表层停留不前，这成为他们最大的障碍，他们因此而迷失了自己，丧失了'平常心'。要知道，生命的意义并不只是这样，只有将心融入世界，用平常心去感受生命，才能找到生命的真谛。"

所以在禅宗看来，一个人能明心见性，抛开杂念，将功名利禄看穿，将胜负成败看透，将毁誉得失看破，就能达到时时无碍、处处自在的境界。

拥有一颗平常心，就拥有了一种豁达、一种超然。失败了，转过身揩干痛苦的泪水；成功了，向所有支持者和反对者致以满足的微笑。

其实，无论是比赛还是生活都如同弹琴，弦太紧会断，弦太松弹不出声音；保持平常心才是了悟之本。

现在的人们为了追求所谓幸福的日子，不惜透支健康、支付尊严、出卖人格，到垂暮之时，你会发觉年轻时孜孜以求的东西是那么虚无与缥缈，这时你会对生命产生新的感悟，明白平常心是真谛、是福气。

拥有一颗平常心，才不会浮躁，不会焦灼，不会被欲望填满心灵，更不会让灵魂搁浅在无氧的空间里。拥有一颗平常心就拥有了一种正确的处世原则，一分自我解脱、自我肯定的信心与勇气，不会高估自己，也不会自甘堕落。拥有一颗平常心就不会只追求物质的奢华，而把自己的灵魂淹没在如潮的尘海中。因为更多的时候，生活不是让我们追求外在的繁华，而是求得内心的平静与安宁。

所以说，用一颗平常的心去对待、解析生活，就能领悟生活的真谛，才会体悟平平淡淡才是真！

∽ 悟语

平常人常有，而平常心却不常有。所以平凡人常有，不凡人却不常有。

任心清净

有一位虔诚的佛教信徒，每天都从自家的花园里，采撷鲜花到寺院供佛。

一天，当她正送花到佛殿时，碰巧遇到无德禅师从法堂出来，无德禅师非常欣喜地说道："你每天都这么虔诚地以香花供佛，来世当得庄严相貌的福报。"

信徒非常欢喜地回答道："这是应该的，我每天来寺礼佛时，自觉心灵就像洗涤过似的清凉，但回到家中，心就又烦乱了。我这样一个家庭主妇，如何能在喧嚣的城市中保持一颗清净的心呢？"

无德禅师反问道："你以鲜花献佛，相信你对花草总有一些常识，我现在问你，你如何保持花朵的新鲜呢？"

信徒答道："保持花朵新鲜的方法，莫过于每天换水，并且在换水时把花梗剪去一截；因为花梗的一端在水里容易腐烂，腐烂之后，水分就不易吸收，就容易凋谢！"

无德禅师道："保持一颗清净的心，其道理也是一样。我们生活的环境像瓶里的水，我们就是花，唯有不停地净化我们的身心，变化我们的气质，并且不断地忏悔、检讨、改进陋习、缺点，才能不断吸收到大自然的食粮。"

信徒听后，欢喜地作礼，并且感激地说："谢谢禅师的开示，希望以后有机会亲近禅师，过一段寺院中禅者的生活，享受晨钟暮鼓、菩提梵唱的宁静。"

无德禅师道："你的呼吸便是梵唱，脉搏跳动就是钟鼓，身体便是庙宇，两耳就是菩提，无处不是宁静，又何必等机会到寺院中生活呢？"

是啊，热闹场中亦可做道场；只要自己丢下妄缘，抛开杂念，哪里不可宁静呢？如果妄念不除，即使住在深山古寺，一样无法修行。

正如六祖慧能所说不是风动、不是幡动是人者心动。心才是无法宁静的本源。

有一位青年，因为遭受了一些挫折变得非常忧郁、消沉。有一次他去海边散步，碰巧遇到以前的一位朋友，这位朋友正好是位心理医生。

于是青年就向这位医生朋友诉说他在生活、社会及爱情中所遭受的种种烦恼，希望朋友能帮他解脱痛苦，斩断生命的烦恼。

安静沉默的医生朋友，似乎没听这位青年的诉说，因为他的眼睛总是眺望着远方的大海，等到青年停止了说话，他自言自语地说："这帆船遇到满帆的风，行走得好快呀！"

青年就转过头看海，看到一艘帆船正乘风破浪前进，但随即又转回去了；他以为医生朋友并没有听懂他的意思，于是就加重语气诉说自己的种种痛苦，生活中的烦恼、爱情的坎坷、社会的弊病、人类的前途等等问题已经纠结得快要让他发狂了。

医生朋友好像在听，又好像不在听，依然眺望着海中的帆船，自言自语地说："你还是想想办法，停止那艘行走的帆船吧！"

说完，就转身离去了。

青年感到非常茫然，他的问题没有得到任何解答，只好回家了。过了几天，他主动去找那位医生朋友了。一进门他就躺在地上，两脚竖起，用左脚脚趾扯开右脚的裤管，形状正像一艘满风的帆船。

医生朋友有点惊讶，接着就会心地笑了，随手打开阳台上的窗户，望着远处的山对青年说："你能让那座山行走吗？"

青年没有答话，站起来在室内走了三四步，然后坐下来，向医生朋友道谢，说完就离开了；走时神采奕奕，看起来对生活充满了希望，不见了当初的消沉、颓废。

医生朋友事实上并未正面回答青年的问题，青年自己却找到了答案。医生朋友的话让青年明白了，解决生活乃至生命的苦恼，并不再苦恼的本身，而是要有一个开阔的心灵世界；人们只有止息心的纷扰，才不会被外在的苦恼所困厄，因此要解脱烦恼，就在于自我意念的清净，正如在满风时使帆船停止航行。

在生活中，我们每个人都像那被情感、家庭、社会所缠绕的青年一样，找不到安心的所在；唯有像佛祖一样讲觉悟，好好地在自己的身上下功夫，从内心的观照里，去改正自己的一言一行，才不至于觉得无休止的劳苦。

外在的纠葛、攫取太多，心就没有办法安宁，更无法净化；人对外在无限制地索取，常常是以支付心灵的尊严为代价的。我们应该抬起头来，看看屋外的松林，听听松涛的呼唤，眺望远处的大海以及满风的帆船，我们的心中会有对生命新的转移与看待。

每天让自己沉静几分钟，不要随着外在事物的流转而变动，不要放弃洗涤自己、净化自己。把心放在可以安定的位置，任凭风浪起，稳坐钓鱼台！

◕ 悟语

你且静看那莲花初绽，出于淤泥，却依旧心净气洁，不染尘丝。以你心比莲心，自是莲心更比人心净。

心定则事定

我国古代大文豪苏东坡一向认为自己的定力很高，很是得意，他写了一道诗偈，说：

稽首天中天，毫光照大千。

八风吹不动，端坐紫金莲。

苏东坡自赏一番，然后派仆人划船过江，送给佛印和尚观赏。不料，佛印接过一看，立即把诗偈掷地，还骂了一句："狗屁不通！"

仆人回去和苏东坡一说，苏东坡气得直吹胡子，马上过江来找佛印评理。

苏东坡来到佛印住地，老远就嚷道："佛印，刚才我派人送诗偈请教，若有不妥之处，只管明白开示，何故出言不逊，说我狗屁不通呢？"

佛印笑着问他："你不是说'八风吹不动'吗？为何我只放了一个屁，你就坐不住了，急着过江来找我算账呢？"

苏东坡一听，这才恍然大悟，心想："我自视定力不错，故言八风吹不动，端坐紫金莲。哪知让这和尚轻轻一扇，自己就沉不住气了，我的定力何在呢？"苏东坡忍不住笑了，只好打趣自嘲："只说八风吹不动，谁知一屁过江来……"

看来，这位大文学家虽写得锦绣文章，心理承受能力还是差了些，一有风吹草动，定力全无。

留意你身边的人和事，许多时候你会发现，有些人真可谓是机关算尽太聪明，凭着那么聪明的头脑，干一番惊天动地的大事业绝对是游刃有余。然而，他们并没有像我们所想的那样，事业有成，反而总是在生活中屡屡受挫，最后空负了一身才华。原因何在？心无定力。

利特尔公司是世界上著名的科技咨询公司。它的前身是其创始人利特尔1886年建立的一个小小的化学实验室，创立之初鲜为人知，丝毫也不引人注目。

1921年的一天，在许多企业家参加的一次集会上，一位大亨高谈阔论，否定科学的作用。而一向崇尚科学的利特尔带着轻蔑的微笑，平静地向这位大亨解释科学对企业生产的重要作用。

这位大亨听后，不屑一顾，还嘲讽了利特尔一番，最后他挑衅地说："我的钱太多了，现有的钱袋已经不够用了，想找猪耳朵做的丝钱袋来装。或许你的科学能帮个忙，如果做成这样的钱袋，大家都会把你当科学家的。"说完，哈哈大笑。聪明的利特尔怎么会听不出大亨的弦外之音呢？他气得嘴唇直抖，但还是克制住自己，非常谦虚地说："谢谢你的指点。"因为利特尔感到这是一个千载难逢的大好机会。其后的一段时间里，市场上的猪耳朵被利特尔公司暗中搜购一空。购回的猪耳朵被利特尔公司的化学家分解成胶质和纤维组织，然后又把这些物质制成可纺纤维，再纺成丝线，并染上各种美丽颜色，最后编织成五光十色的丝钱袋。这种钱袋投放市场后，顿时一抢而空。

"用猪耳朵制丝钱袋"，这个荒诞不经的恶意挑衅被粉碎了。那些不相信科学是企业的翅膀，从而也看不起利特尔的人，也不得不对利特尔刮目相看。

利特尔公司因此名声大振。面对挑衅，利特尔忍受轻蔑，"虚心"接受指点；既不大吵大闹、争执强辩，也不义正词严地加以驳斥，他不露声色，暗中努力，将猪耳朵制成丝钱袋，从而一举成名。

利特尔的成功告诉我们一个不争的事实：一个人的成功不仅仅需要

智慧，还需要定力，假如激烈的反驳和争论可以解决问题，那么，这个世界也就无需我们用实际行动来证明什么了。但是，生活的禅机告诉我们事实才是证明一切的最终衡量尺度。所以，我们长了一张嘴，却长了两只眼睛、两只手。

与人做毫无意义的争论，甚至是气急败坏的争吵于你无益，也许还会显出你的浮浅与无知。那些得道的禅师任何时候都不会与人做毫无意义的争论。而且，他们总能以自己的禅智点化那些无知的人们。即使他们所面临的是生死大限也不会面露惧色。那份从容、那种镇定是经过了生活的磨炼和对人生的深刻领悟所获得的。

我们都需要被放置在生活的风刀雨剑下打磨。从一个不成熟的人向一个成熟的人转变。走过人生的每一次风雨都应该有所收获，即使达不到禅师们的那种高深的禅境，也应该让自己多一些定力。心定才能事定，否则，你只能白白枉费这一生的好时光。

悟语

无定力就无成功可言，任何时候都能保持头脑清醒冷静，是一切胜利的先决条件。

第二章 / chapter 2

悟苦悟乐
做苦海中一个快乐的人

佛陀说:"极乐世界",这不是一张空头支票,而是真实存在的。人心欢乐时,整个世界都是美好的。如何得欢乐心?那就要做欢乐人:无愧、无执、无怒。

快乐之道

一日，无悔禅师正在院子里锄草，迎面走来三位信徒，向他施礼，说道："人们都说佛教能够解除人生的痛苦，可是我们信佛这么多年，却并不觉得快乐，这是怎么回事呢？"

无悔禅师放下锄头，安详地看着他们说："想快乐并不难，首先要弄明白为什么活着！"

三位信徒你看看我，我看看你，都没料到无悔禅师会向他们提出这样的问题。

过了片刻，甲说："人总不能死吧！死亡太可怕了，所以人要活着。"

乙说："我现在拼命地劳动，就是为了老的时候能够享受到粮食满仓、子孙满堂的天伦之乐。"

丙说："我可没你那么高的奢望。我必须活着，否则我一家老小靠谁养活呢？"

无悔禅师笑着说："怪不得你们得不到快乐，原来你们想到的只是死亡、年老、被迫劳动，而不是理想、信念和责任。没有理想、信念和责任的生活当然是很疲劳、很累的，不会从中体会到幸福，当然也不会觉得快乐了。"

信徒们不以为然地说:"理想、信念和责任,说说倒是很容易,但总不能当饭吃吧!"

无悔禅师说:"那你们说,有了什么才能快乐呢?"

甲说:"有了名誉就有了一切,我就会觉得很快乐。"

乙说:"我觉得有了爱情,才会有快乐。"

丙说:"金钱才是最重要的,有了它我就什么都不愁了。"

无悔禅师说:"那我提个问题:为什么有人有了名誉却很烦恼,有了爱情却很痛苦,有了金钱却更忧虑呢?"信徒们无言以对。

无悔禅师接着说:"理想、信念和责任并不是空洞的,而是体现在人们每时每刻的生活中。必须改变对生活的观念、态度,生活本身才能有所变化。说到底,快乐是要靠我们自己去寻找的。"

听完无悔禅师的话,三位信徒从此明白了快乐之道。

其实,快乐与不快乐完全取决于我们对于生活和人生的态度。有一则小幽默说,同样一个甜甜圈,在有些人眼中,因为它是甜甜圈,会觉得可口所以感觉很开心;而在另外一些人眼中,因为它中间缺了一个洞,就会觉得遗憾而变得不开心。所以,快乐不快乐完全是由我们自己决定的,而真正的快乐是从心底流出的。

据说,终南山出产一种快乐藤。凡是得到此藤的人,一定会喜形于色,笑逐颜开,不知道烦恼为何物。曾经有一个人,为了得到无尽的快乐,不惜跋山涉水,去找这种藤。他历尽千辛万苦,终于来到了终南山。可是,他虽然得到了这种藤,但仍然觉得不快乐。

这天晚上,他到山下的一位老人家里借宿,面对皎洁的月光,不由地长吁短叹。

他问老人："为什么我已经得到了快乐藤，却仍然不快乐呢？"

老人一听乐了，说："其实，快乐藤并非终南山才有，而是人人心中都有，只要你心里充满欢乐，无论天涯海角，都能够得到快乐。心就是快乐的根。"

这人恍然大悟。

人生一世，草木一秋，能够快快乐乐地活一生，是每个人心中的梦想。但是怎样才能求得快乐呢？那就是要清醒地知道快乐之道的根本在我们自己。

人的心灵是最富足的，也是最贫乏的。不同的人之所以对生活的苦乐有着不同的感受是因为心灵的富足和贫乏，而绝不是任何外物的客观影响。内心的快乐才是快乐之道。

悟语

观照己心，切莫苛求。若是总为外物的求之不得而苦恼，那你永远都不会心生快乐。

简单才能快乐

一天晚上三更半夜，智通和尚突然大叫："我大悟了！我大悟了！"

他这一叫惊醒了众多僧人，连禅师也被惊动了。众人一起来到智通的房间，禅师问："你悟到什么了？居然这个时候大声吵嚷，说来听听吧！"

众僧以为他悟到了高深的佛理，没想到他却一本正经地说道："我日思夜想，终于悟出了——尼姑原来是女人做的。"

刚说完，众僧就哄堂大笑，"这是什么大悟呀，我们大家都知道的呀！"

但是禅师却有些惊异地看着智通，说："是的，你真的悟到了！"

智通和尚立刻说道："师父，现在我不得不告辞了，我要下山云游去。"

众僧又是一惊，心里都认为：这个小和尚实在是太傲慢了，悟到"尼姑是女人做的"这么简单的道理也没什么稀奇的，却敢以此要求下山云游，真是太目中无人了；竟敢对我们师父这么无理，可恶！

然而禅师却不这样认为，他觉得智通到了下山云游的时候了，于是也不挽留他，提着斗笠，率领众僧，送他出寺。到了寺门外，智通和尚接过了禅师给他的斗笠，大步离去，再也没有任何留恋。

众僧都不解地问禅师："他真的悟到了吗？"

禅师感叹道："智通真是前途无量呀！连'尼姑是女人做的'都能参透，还有什么禅道悟不出来的呢？虽然这是众人皆知的道理，但是有谁能从这里悟出佛理呢？这句话从智通的嘴里说出来，蕴涵着另一种特殊的意义——世间的事理，一通百通啊。"

世界上的事，无论看起来是多么复杂神秘，其实道理都是很简单的，关键在于是否看得透。生活本身是很简单的，快乐也很简单，是人们自己把它们想得复杂了，或者可以说是人们自己太复杂了，所以往往感受不到简单的快乐，他们已经弄不清生活的意味了。

睿智的古人早就指出："世味浓，不求忙而忙自至。"所谓"世味"，就是尘世生活中为许多人所追求的舒适的物质享受、为人钦羡的社会地位、显赫的名声，等等。今日的某些人追求的"时髦"，也是一种"世味"，其中的内涵说穿了，也不离物质享受和对"上等人"社会地位的尊崇。

　　可怜的某些人在电影、电视节目以及广告的强大鼓动下，"世味"一"浓"再"浓"，疯狂地紧跟时髦生活，结果"不知不觉地陷入了金融麻烦中"。尽管他们也在努力工作，收入往往也很可观，但收入永远也赶不上层出不穷的消费产品的增多。如果不克制自己的消费欲望，不适当减弱浓烈的"世味"，他们就不会有真正的快乐生活。

　　菲律宾《商报》上登过一篇文章。作者感慨她的一位病逝的朋友一生为物所役，终日忙于工作、应酬，竟连孩子念几年级都不清楚，留下了最大的遗憾。作者写道，这位朋友为了累积更多的财富，享受更高品质的生活，终于将健康与亲情都赔了进去。那栋尚在交付贷款的上千万元的豪宅，曾经是他最得意的成就之一。然而豪宅的气派尚未感受到，他却已离开了人间。作者问："这样汲汲营营追求身外物的人生，到底快乐何在？"

　　作者的这位朋友显然也是属"世味浓"的一族，如果他能把"世味"看淡一些，像陈美玲那样"住在恰到好处的房子里，没有一身沉重的经济负担，周末休息的时候，还可以一家大小外出旅游，赏花品草……"这岂不是惬意的生活？

　　陈美玲写道："'生活简单，没有负担'，这是一句电视广告词，但用在人的一生当中却再贴切不过了。与其困在财富、地位与成就的迷惘里，还不如过着简单的生活，舒展身心，享受用金钱也买不到的满足来得快乐。"

　　简单的生活是快乐的源头，它为我们省去了欲求不得满足的烦恼，又为我们开阔了身心解放的快乐空间！

简单就是剔除生活中繁复的杂念、拒绝杂事的纷扰；简单也是一种专注，叫做"好雪片片，不落别处"。生活中经常听一些人感叹烦恼多多，到处充满着不如意；也经常听到一些人总是抱怨无聊，时光难以打发。其实，生活是简单而丰富多彩的，痛苦、无聊的是人们自己而已，跟生活本身无关；所以是否快乐、是否充实就看你怎样看待生活、发掘生活。如果觉得痛苦、无聊、人生没有意思，那是因为不懂快乐的原因！

快乐是简单的，它是一种自酿的美酒，是自己酿给自己品尝的；它是一种心灵的状态，是要用心去体会的。简单地活着、快乐地活着，你会发现快乐原来就是：

"众里寻他千百度，蓦然回首，那人却在灯火阑珊处。"

悟语

世间本无事，庸人自扰之。快乐的无知者无休止地粉饰自己，以求在他人的目光中看到自己快乐的影子。只可惜他们把自己包装得太复杂了，已经看不出本来的面目。所以，他们反而找不到自己的快乐。

比较得来的苦恼

习惯于比较是人的天性，正是这种喜欢比较的天性促成了人与人之间的相互攀比，也促成了人的苦恼的产生。而且，人总是习惯于去看比较之后那不利的一面，所以，苦恼当然会随即而至。

佛经上称，世间为欲界，欲是什么？欲是生命内在的希求，有从生理上发出的，也有从心理上发出的。

世人有五欲：财欲，即对财富的希求；色欲，对男女性交的希求；名欲，对名誉地位的希求；食欲，对饮食美味的希求；睡欲，对睡眠的希求。有限的生命总是在五欲境界中不停地追逐，寻找所谓的幸福。

生活在欲望中，总想占有一切，于是容不得别人比自己好，什么事情都要比较。这样有了分别心、比较心，就很难解脱了；因为带着比较心生活的人，永远都没有满足的时候，而且一旦落于人后，便会产生酸葡萄的心理。

北海有一条身长好几里的大鱼，活了几千年。有一天，忽然刮了一阵大旋风，这条大鱼顺着旋风竟然变成了一只大鹏鸟。

大鹏鸟身长也有几里长，它乘风振翅一冲，便能飞腾到九千里的高空。它想从北海飞到南海，这大概需要半年的时间。在这半年当中，它不停地飞呀飞，从高空往下一望，看到白云朵朵，如万马行空一样；抬起头，则是一片无边无际灰茫茫的天空，除此之外别无他物，经过六个月的飞行，它终于到达了南海。

那时，地面上正好有一只小麻雀，看到了大鹏鸟，它有点不舒服，心想："飞得那么高，何必呢？有那么大的身体，要到达南海还不是得不断地辛苦飞行吗？像我这么小巧玲珑的身材多好呀，飞行的时候可以轻轻松松地，只要一枝小小的枝丫，就可以作为栖身之地；累了还可以到地面走走；如果想飞高一点，又飞不上去时，我干脆就降落到草地上，像这样生活多逍遥啊！大鹏鸟也没什么了不起的嘛！"

事实上，小麻雀并不真的逍遥，因为它的心在与大鹏鸟做比较！因为自己的体型、力量太小，无法像大鹏鸟一飞冲天，所以就只能自我安慰地说说罢了。这正是比较中产生的酸葡萄心理在作祟！

　　事实上，大鹏鸟的身体大，两翅张开便有几里长，它若不展翅高空，又将如何飞行？如何生活？小麻雀虽然身体较小，但小巧有小巧的好处，大家各有各的特长，各有各的生活空间，谁又能剥夺彼此的空中享有权呢？

　　人与人之间也同样如此，人的烦恼就是从比较、计较中产生的，小时候在家中比较父母疼爱谁多一点，计较父母的偏心；上学后，学会与人比较谁的分数高，计较老师喜欢谁；踏入社会则又比较谁的工资高，计较老板对谁好；即使父母去世了，还要比较谁分得的遗产多一些。就因为一切都要比较，各种纷争就应运而生了，甚至很多罪恶也是因此而起。

　　其实，与别人比较，是相当辛苦的。生活属于我们自己，为何要整天追随别人的脚步？我们的地位可以卑微，我们的财富可以不如别人多，但我们的精神和任何人都是平等的。只有不比较、不计较，不把注意力集中在别人身上，才能将自己有限的时间全部融入自我的生命中，做出一番事业，最终无愧于来此一遭。而在心灵的坦然、安然中，在生活的自适、自得中，才能懂得欣赏他人的荣耀、成就或美丽，这才是一种修养、一种风度！

　　佛祖告诉我们，外相的一切都是虚空的，所以不要在表象上分别、比较。人生最大的缺憾，莫过于和别人比较，自厌放弃自己。外来的比较，让我们心灵动荡，不得自在，甚至迷失自己，障蔽了心灵深处原有的氤氲馨香。

无比较心，做我们自己，人生就不会痛苦，不会迷乱。所以，不和别人胡乱比较，才能获得内心的平衡，才能悠然自得，才能找到一分安乐！

∽ 悟语

与他人比较，你会痛苦；与自己比较，才会得到快乐。你的目光需要追随的不是别人，而应该是你自己。

何不放下

有一个人出门办事，跋山涉水，非常辛苦。有一次他经过险峻的悬崖，一不小心，跌到深谷里去了。眼看生命危在旦夕，他的双手便在空中攀抓，刚好抓住悬崖壁上枯树的老枝，总算暂时保住了性命；但是人悬荡在半空中，上下不得，进退维谷，不知如何是好。这时，他忽然看到慈悲的佛陀站在悬崖上，正慈祥地看着自己。

此人如见救星般地赶快求佛陀："佛陀！求求您发发慈悲，救救我吧！"

"我救你可以，但是你要听我的话，我才有办法救你上来。"佛陀慈祥地说。

"佛陀！到了这种地步，我怎敢不听您的话呢？随您说什么，我全都听您的。"

"好吧！那么请你把攀住树枝的手放下！"

此人一听，心想："把手一放，势必掉到万丈深渊，跌得粉身碎骨，哪里还保得住性命？"

因此他更是抓紧树枝不放。佛陀看到此人执迷不悟，只好离去。

"放下"是非常不容易做到的，有了权势，就对权势放不下；有了功名，就对功名放不下；有了金钱，就对金钱放不下；有了爱情，就对爱情放不下；有了事业，就对事业放不下。

因为放不下，所以会经常被这些外物牵绊，因为太在意，所以，终日忧愁挂怀，难以超然洒脱，愉快地享受生活中的每一次欣喜。如果说当一个人得不到他所求的东西时，他难以快乐。那么，得到了就该快乐了吧？然而，事实并非如此，当一个人用尽全力，甚至不惜倾尽所有得到了他想要的东西时，他会失望地发现原来梦想和现实、追求与获得之间的差距竟然如此巨大。所以他依然是不快乐的。

那么，我们为什么总是不快乐？因为我们总是放不下，不能够超脱，不能够不在意，禅境中所讲的随意、随性、随缘，我们做不到。其实，所有的事你何必去在意结果？放下心里的那些重担、尽自己所能，将所有的事情做到最好，并在做的过程中享受属于自己的快乐，这已足够。反之，如果你总是刻意追求一种结果，那么，你永远都无法快乐。因为，人的贪欲永远都无法填平。而且，你很可能因为贪欲太盛而扭曲自己的人性。

有一对很要好的朋友在树林里散步，突然看到有个乞丐慌慌张张地从树林中跑出来，便问道："什么事让你这么惊慌失措？"

乞丐说："太可怕了，我在树林里挖到一堆金子！"

两个人心里一惊："这个人真是傻瓜！挖到黄金，这么好的事情居然觉得害怕！"于是他们问道："你在哪里挖到的？能告诉我们吗？"

乞丐问："这么厉害的东西，你们不怕吗？它会吃人的！"

那两个人不以为然地说："我们不怕，请你告诉我们金子在哪儿吧！"

乞丐说："就在森林最东边的那棵树下面。"

两个人立刻找到那个地方，果然发现了很多金子。

于是，一个人对另一个人说："这个乞丐真是愚蠢，有这些金子他根本用不着再讨饭了，而且人人渴望的金子在他眼里却成了吃人的东西！真是个傻瓜，难怪要一辈子饭。"

另一个人也随声附和地点头称是。

他们于是讨论怎么处置这些金子，其中一人说："白天拿回去不太安全，还是晚上再拿回去吧。我在这儿看着，你回去拿些饭菜，我们等到天黑再把金子拿回去吧。"

另外一个人就照他说的去做了。留下的那个想："如果这些金子都归我一个人多好呀。等他回来，我就用棍子打死他，这些金子就都属于我了。"想到这儿他开心地笑了。

回去拿饭的那个也在想，独占这些金子该多好呀，于是就在饭菜里下了毒，要毒死自己最好的朋友。

可他刚回到树下，他的朋友就用木棍将他打死，然后说道："亲爱的朋友，我本不想杀你的，是这堆金子逼迫我这样做呀。"

之后，他拿起朋友送来的饭菜，狼吞虎咽地吃起来了。没过多久，他就觉得肚子里如火烧一样，他知道自己中毒了，临死前他无限感叹地说："乞丐说的话真是一点都不错呀！"

这就是人性中最黑暗一面的真实写照。死亡皆因贪欲而起，朋友间的相互信任、相互依赖在瞬间土崩瓦解。受功名利禄的诱惑，我们连生命都难以保证，何谈快乐？佛陀说："放下，旨在告诉我们放下贪欲就是放下危险、放下忧愁。这样我们才能得到快乐。"

悟语

放下才能得到，如果总是难以割舍，你只会抓着忧愁越走越累。

知足常乐

从前，过去世菩萨是一个大国的国王，名叫察微。有一次，在空闲的日子里，察微王穿着粗布衣服，去巡视民情。他看到一个老头正在愁眉苦脸地补鞋，就开玩笑地问他说："天下的人，你认为谁是最快乐的？"

老头儿不假思索地回答："当然是国王最快乐了，难道是我这老头儿呀？"

察微王问："他怎么快乐呢？"

老头儿回答道："百官尊奉，万民敬仰，想要什么，就能有什么，这当然很快乐了。哪像我整天要为别人补鞋子这么辛苦。"

察微王说："那倒如你讲的。"

于是他便请老头儿喝葡萄酒，老头儿醉得毫无知觉。察微王让人把他扛进宫中，对宫中的人说："这个补鞋的老头儿说做国王最快乐。我今天和他开个玩笑，就让他穿上国王的衣服，听理政事，你们配合点。"

宫中的人说："好！"

老头儿酒醒过来，侍候的宫女假意上前说道："大王醉酒，各种政事积压下许多，应该去理政事了。"

众人把老头儿带到百官面前，宰相催促他处理政事，他懵懵懂懂，东西不分。史官记下他的过失，大臣又提出意见。他整日坐着，身体酸痛，连吃饭都觉得没味道，也就一天天瘦了下来。

宫女假意地问道："大王为什么不高兴呀？"

老头儿回答道："我梦见我是一个补鞋的老头儿，辛辛苦苦，想找碗饭吃，也很艰难，因此心中发愁。"

众人莫不暗暗发笑。夜里，老头儿翻来覆去睡不着觉，说道："我究竟是一个补鞋的老头呢？还是一个真正的国王？要真是国王，皮肤怎么这么粗？要是个补鞋的老头又怎么会在王宫里？是我的心在乱想，还是眼睛看错了？一身两处，不知哪处是真的？"王后假意说道："大王的心情不愉快。"便吩咐摆出音乐舞蹈，让老头儿喝葡萄酒。

于是老头儿又醉得不知人事。大家给他穿上原来的衣服，把他送回原来的破床上。老头儿酒醒过来，看见自己的破烂屋子，还有身上的破旧衣服，都和原来一样，全身关节疼痛，好像挨了打似的。

几天之后，察微王又去看老头儿。老头儿说："上次喝了你的酒，就醉得不晓人事，到现在才醒过来。我梦见我做了国王，和大臣们一起商议政事。史官记下了我的过失，大臣们又批评我，我心里真是惊惶忧虑，全身关节疼痛，比挨了打还痛苦。做梦都如此，不知道真正做了国王会怎么样？上次说的那些话看来错了。"

因而当时的察微王，以后的菩萨说："莫羡王孙乐，王孙苦难言；

安贫以守道，知足即是福。"

故事中补鞋的老头儿羡慕国王的生活，以为锦衣玉食、万民朝拜就是一种快乐，岂不知国王也有国王的苦恼，补鞋也有补鞋的乐趣。

其实布衣茶饭，也可乐终身。人生在世，贵在懂得知足常乐，要有一颗豁达开朗平淡的心，在缤纷多变、物欲横流的世界中，拒绝各种诱惑，心境变得恬适，生活自然就愉悦了。而人之所以有烦恼，就在于不知足，整天在欲望的驱使下，忙忙碌碌地为着自己所谓的"幸福"追逐、焦灼、钩心斗角……结果却并非所想。

早在春秋时期，就有过这种活生生的例子：

曾与"卧薪尝胆"的越王勾践一起共渡艰难的范蠡，在越国最终击败吴国后被任命为大将军。在世人看来，此时的范蠡本应享受富贵荣华风光无限，可他却偏偏辞去官职离开越国，彻底地销声匿迹了。据《史记》记载，范蠡先是去了齐国务农，后又移至陶地经商，并更名改姓陶朱公，安享余生，直至终老。

而与范蠡同样作为越国重臣的文种，却因为贪心不足，落得个完全不同的结局。

在越国击灭吴国后，曾经在沙场上立下了汗马功劳的文种依然选择留在越王勾践的身边，完全不顾范蠡对他做出的"飞鸟尽，良弓藏，狡兔死，走狗烹"的忠告。虽然文种最后也称病辞官，可他却因为不愿放弃家乡的良田美宅而继续留在了越国国内。由于他的功劳和威名实在太大，所以当奸佞小人诬陷他有兴兵作乱的企图时，早就想要除掉这个心腹大患的越王勾践也就借着这个机会，以谋反罪将文种处死了。

同样是厥功至伟的朝廷重臣，可范蠡和文种的最终结局却一生一死迥然有别。归根结底，还不是因为他们在对待"名利"二字的态度和做法上存在着太多的不同。淡泊名利的得以快乐终老，而执着名利的却最终人财两空。

知足天地宽，贪则宇宙窄。放下肩头利欲的重担，拉住知足的手，珍惜眼前所得到的所拥有的一切，在知足中进取，快乐将永远陪伴左右。

悟语

拥有花，就去深嗅花的芬芳，拥有草，就去欣赏草的青绿，怀有一颗知足心品尝已有的果实和美味，才能获得真实的快乐。

第三章 Chapter 3

悟富悟贫

不要让自己做一个心理的穷人

佛陀说:"无执",并指出"有执"是自毁本性。手上抓的东西多了,最后你会一样都抓不住。外物无限,但你心力有限。好东西是要不完的,别让它们断送自己。

你眼里的财富

　　有一位禅师，每天早上经过一个豆腐坊时，都能听到屋里传出愉快的歌声。这天，他忍不住走进豆腐坊，看到一对小夫妻正在辛勤劳作。禅师怜悯之心大发，说："你们这样辛苦，只能唱歌消烦，我愿意帮助你们，让你们过上真正快乐的生活。"说完，放下了一大笔钱，送给小夫妻。这天夜里，禅师躺在床上想："这对小夫妻不知道明天会是什么样子，我须仔细观察一下，看他们是否能够摆脱金钱的诱惑。"第二天一早，禅师又经过豆腐坊，却没有听到小夫妻俩的歌声。他想，"他们可能激动得一夜没睡好，今天要睡懒觉了。"但第二天、第三天，还是没有歌声。就在这时，那做豆腐的男人出来了，拿着那些钱，一见禅师便急忙说道："禅师我正要去找你，还你的钱。"禅师问："为什么？"年轻的豆腐师傅说："没有这些钱时，我们每天做豆腐卖，虽然辛苦，但心里非常踏实。自从拿了这一大笔钱，我和妻子反而不知该如何是好了——我们还要做豆腐吗？不做豆腐，那我们的快乐在哪里呢？如果还做豆腐，我们就能养活自己，那还要这么多钱做什么呢？放在屋里，又怕它丢了；做大买卖，我们又没有那个能力和兴趣。所以还是还给你吧！"禅师听后微微一笑说：看来你们已经有所悟了。今后你二人可安度时日，待时机成熟我必引你二人往生佛界。第二天，当他再次经过豆腐坊时，听到里边又传出了小夫妻俩的歌声。

拥有更多的财富，是今日许许多多人的奋斗目标。财富的多寡，也成为时下衡量一个人才干和价值的尺度。当一个人被列入世界财富榜时，会引来多少人的艳羡。但对于个人来说，过多的财富是没有多少用的，除非你是为了社会在创造财富，并把多余的财富贡献给了社会。但丁说："拥有便是损失。"财富的拥有超过了个人所需的限度，那么，拥有越多，损失就越多。

让我们看一看米勒德·富勒的故事，这是一个真实的故事。同许多美国人一样，富勒一直在为一个梦想奋斗，那就是从零开始，而后积累大量的财富和资产。到 30 岁时，富勒已挣到了百万美元，他雄心勃勃，想成为千万富翁，而且他也具备这个本事。他拥有一幢豪宅，一间湖上小木屋，2000 英亩地产，以及游艇和豪华汽车。

但问题也随之而来：他工作得很辛苦，常感到胸痛，而且他也因工作忽略了妻子和两个孩子。他的财富在不断增加，他的婚姻和家庭却岌岌可危。

一天富勒在办公室里心脏病突发，而他的妻子在这之前刚刚宣布打算离开他。他开始意识到自己对财富的追求已经耗费了所有他真正珍惜的东西。他打电话给妻子，要求见一面。当他们见面时，两人都热泪滚滚。他们决定消除掉破坏他们生活的东西——他的生意和物质财富。

他们卖掉了所有的东西，包括公司、房子、游艇，然后把所得捐给了教堂、学校和慈善机构。他的朋友都认为他疯了，但富勒感到从没像此时这样清醒过。

接下来，富勒和妻子开始投身于一项伟大的事业——为美国和世界其他地方无家可归的贫民修建"人类家园"。他们的想法非常单纯："每个在晚上困乏的人，至少应该有一个简单体面，并且能支付得起的地方，用来休息。"美国前总统卡特夫妇也大力地支持他们，穿上工装裤来为"人类家园"劳动。富勒曾经的目标是拥有1000万美元家产，而现在，他的目标是为1000万人甚至更多人建设家园。目前，"人类家园"已在全世界建造了6万多套房子，为超过30万人提供了住房。富勒曾为财富所困，几乎成为财富的奴隶，差点儿被财富夺走他的家庭和健康。而现在，他是财富的主人，他和妻子自愿放弃了自己的财产，而去为人类的幸福工作。他自认是世界上最富有的人。

富勒的财富经历告诉我们，有时财富不一定是有形的，而且，一旦有形的财富超出所需时，财富即会转化成一种压力，使你的生活状态难以维持平衡。那些无形的财富才是真正的财富，它们对于你的生活有益，比如说声誉、知识、人缘……

英国思想家培根曾说过："对于财富，我充其量只能把它叫做美德的累赘……财富之于美德，犹如辎重之于军队。辎重不可无，也不可留在后面，但它却妨碍行军。不仅如此，有时还因顾虑辎重，而丢掉胜利或妨碍胜利。"

我们并不是一概排斥财富，我们厌恶和蔑视的是对个人财富过分贪求，是以不正当手段聚敛财富。我们努力创造财富。我们所追求的"并不是贪婪的掠夺品，而是一种行善的工具"。这就是我们对待财富的最好的态度。

有形的财富应该是富贵的一种标志，却不能标定无形财富的价值。而无形的财富却可以创造出无数有形财富。

不要落入财富的陷阱

无果禅师为了专心参禅，在深山里一住就是 10 年，这 10 年来一直有一个女人细心地照料着他。

然而，这 10 年，他并没有取得太大的成就，他认为自己无法在那里修行得道，所以打算出山寻师问道，解除多年来心中的疑惑。

临行前，他向这个女人辞别时，女人对无果禅师说："禅师，您再多留几日吧。路上要风餐露宿，容我为您做件衣服再上路也不迟呀。"这个女人的好意让禅师无法推辞，于是只好点头答应了。

女人回家后，马上着手剪裁衣服。衣服做好了，她又包了四锭马蹄银，送给无果禅师作为路费，禅师心中无比感激，他接受了女人的馈赠，收拾行李准备第二天一大早就走。

到了晚上，无果禅师坐禅养息，此时突然出现了一个童子，后面还跟着许多人在吹拉弹奏。他们抬着一朵很大的莲花，来到无果禅师面前说："禅师，请上莲花台！这就是您要去的地方。"

无果禅师心里嘀咕："我的修行还没有达到这种程度，这种境况来得太早了，恐怕是魔境吧！"于是他没有理会，童子又说："禅师，请您坐上来吧，机会就只有这一次，错过了就再也不会有了哦。"抵不过童子的纠缠，无奈之下，无果禅师就把自己的拂尘插在莲花台上。童子与诸乐人便高兴地离去了。

第二天一大早，无果禅师正要动身时，那女人来到他家，手里拿了一柄拂尘，问道："禅师，这可是您的物品？昨晚怎么会从我家母马的肚子里生了出来？"

无果禅师听后十分吃惊，说道："如果不是我的定力深厚，今天已经是你们家的马儿了。"于是将马蹄银还给了女人，作别而去！

不要被突如其来的实惠或好运迷惑，其实天上是不会掉馅饼的。然而，生活中的陷阱却太多了，金钱、名誉、地位、美女、机遇……其实，所有的陷阱都有一个共同的特点，就是抓住人心中最脆弱的那根弦，使人像中了魔似的不能脱身，毫不犹豫地掉进陷阱里。掉进陷阱的人，多数是因为贪恋不该属于自己的那份东西；被当时不属于自己的东西所诱惑，结果总是得不偿失的。

生活中曾有过这样的事情，一天，牛大爷去城里看望儿子儿媳，走在半路上，突然见到一个精美的首饰盒滚到他的脚边。身旁的一个小伙子眼尖手快，急忙捡了起来，打开一看，里面竟然有一条金项链，还附着一张发票，上面写着某某饰品店监制，售价2800元。牛大爷当即拽住小伙子，让他在原地等候失主；可是等了老半天，还是没人来寻找。

那个小伙子便小声提议两个人私分，说："给我1000元，项链归你。"边说边朝巷口走去。牛大爷平时就有个贪小便宜的习惯，看看项链，就更动心了。他心想："我可以把它送给我的儿媳妇，当年她嫁过来的时候，我们手头不宽裕也没怎么给她买过东西。这次去看他们，正好把这个项链送给她，她一定会很高兴的，这也是我这个做公公的一番心意嘛。"

牛大爷的犹豫没有逃过小伙子的眼睛，他更是一个劲地说这条项链有多好，今天运气好才会遇到的。牛大爷经不住小伙子的游说，便说："可是我没有这么多钱，我是来城里看我儿子的，身上只带了800块钱。"

小伙子故作大方地说："这样呀，没有关系，我就吃点亏，谁叫您年纪比我大呢！"

于是，牛大爷就把好不容易攒下的800块钱给了小伙子，拿着那条金项链美滋滋地向儿子家走去。

一到儿子家，他便把路上的事情跟儿子儿媳说了，还拿出那条金光闪闪的项链送给儿媳妇。小夫妻俩一听就不对，果然，那条项链根本就是假的。

牛大爷这才恍然大悟，原来人家设了一个陷阱让他跳。

牛大爷非常懊恼，却毫无办法。为此，他还大病了一场，幸好，他记住了这一教训，再也不敢贪小便宜了。

人的贪欲是一个永远都无法填满的无底洞，有的人不会让自己落入贪财的陷阱是因为他们比较清醒。而有的人却因为不清醒掉了进去就再也没有出来的机会。任何时候我们都应该清醒地认识到自己的财富心理，看清金钱对于我们的真正价值。永远都应记住金钱应该是为我们服务的，而不是奴役我们灵魂的魔鬼。

悟语

智者让财富造福，愚者让财富造祸。

安贫乐道

古印度有个阿育王，是位护持佛法的大功德主。

他有一个弟弟出家修行得道，阿育王非常欢喜，稽首礼敬，希望弟弟能长期住在皇宫，接受他的供养。但是他弟弟却认为："世间的五欲——财、色、名、食、睡，是禅者最大的障碍，必须弃除，我们的心才能拥有真正的宁静与自在。我依山傍水，清心寡欲，自在如水中游鱼、空中飞鸟，为什么你要把我再次推入世间的泥沼呢？"

阿育王说："在皇宫里，你也可以很自在呀？没有人敢阻碍你的。"弟弟却说："我住在寂静的林野，有十种好处：一、来去自在。二、无我、无我所。三、随意所往，无有障碍。四、欲望减弱，修习寂静。五、住处少欲少事。六、不惜身命，为具足功德故。七、远离众闹市。八、虽行功德，但不求恩报。九、随顺禅定，易得一心。十、于空住，无障碍想。这些都是皇宫里所不具有的。"

阿育王面露难色地说："话是不错，可是你是我的弟弟，我怎么忍心让你这样吃苦呢？""我一点都不觉这样是苦，反而觉得很快乐。我已经脱离了人间的桎梏，为什么你又要让我再戴上五欲的锁链呢？我终日与自然万物同呼吸，与山色共眠起，我以禅悦为食，滋养性命。你却要我高卧锦绣珠玉的大床，可知我一席蒲团，含纳山河大地、日月星光之灵气。常行晏坐，有十种利益：一、不贪身乐。二、不贪睡眠乐。三、不贪卧具乐。四、无卧着席褥苦。五、不随心身欲。六、易得坐禅。七、易读诵经。八、少睡眠。九、身轻易起。十、欲望心薄。我已经从火汤炉炭的痛苦里解脱出来了，你说，我怎么可能再重入火坑，毁灭自己呢？"弟弟坚定地说。阿育王听了这一番剖白，就不再坚持自己的意见了，但心中对于安贫乐道的修行人以无为有的胸怀，生起更深的敬意。

空无，并不是一无所有，它只是让人们减少对物质的依赖，这样反而能照见内心无限的宝藏。而现代人，却不懂得安分，即使有了财富、名位、权势，他们仍然在不停追逐，常常压得自己喘不过气来。

为了舒缓心情，有的人借着出国旅游去散心解闷，希冀能求得一刻的安宁，但终究不是根本之策。

佛经上说"少一分物欲，就多一分发心；少一分占有，就多一分慈悲"，这是禅者的安贫乐道。翻开禅史，会发现有的禅师，则是皇帝请他下山却不肯，宁愿以山间的松果为食，与自然同在。正所谓："昨日相约今日期，临行之时又思量；为僧只宜山中坐，国事宴中不相宜。"

有一位富翁来到一个美丽寂静的小岛上，见到当地的一位农民，就问道："你们一般在这里都做些什么呀？"

"我们在这里种田过活呀！"农民回答道。

富翁说："种田有什么意思呀？而且还那么辛苦！"

"那你来这里做什么？"农民反问道。

富翁回答："我来这里是为了欣赏风景，享受与大自然同在的感觉！我平时忙于赚钱，就是为了日后要过这样的生活。"

农民笑着说："数十年来，我们虽然没有赚很多钱，但是我们却一直都过着这样的日子啊！"

听了农民的话，这位富翁陷入了沉思。

也许，生活简单一点，心里负荷就会减轻一些。外出到远方，眼前的繁华美景，不过是一时的安乐，与其辛苦地去更换一个环境，不如换一个心境，任人世物换星移，沧海桑田，做个安贫乐道、闲云野鹤的无事人。

所以，人要真正获得自在、宁静，最要紧的就是安贫乐道。春秋战国时代的颜回"一瓢饮，一箪食，人不堪其忧，而回亦不改其乐"是一种安贫乐道；东晋田园诗人陶渊明"采菊东篱下，悠然见南山"是一种安贫乐道；近代弘一法师"咸有咸的味，淡有淡的味"也是一种安贫乐道。

那么，为什么唯有他们才能做到乐道呢？那是因为他们超脱了尘世俗物的牵绊，看清了人生真正最具价值的所在。

世事沧桑变幻，贫富皆尽体味。一切铅华洗净之后，粗茶淡饭亦是人生真正的滋味。

悟语

富而不悦者常有，贪而忌忧者亦多。安贫乐道，不为物欲所驱，方能具入世之身而怀出世之心。

守义而富且贵

有一位很想成为富翁的青年，到处旅行流浪，辛苦地寻找着成为富翁的方法。几年过去了，他不但没有变成富翁，反而成为衣衫破烂的流浪汉，只能住在破庙里。

观世音菩萨被他的虔诚感动了，就教他说："要成为富翁很简单，从此以后，你要珍惜遇到的每一件东西、每一个人，并且为你遇见的人着想，布施给他。这样，你很快就会成为富翁了。"

青年听后高兴得不得了，就手舞足蹈地走出庙门。一不小心竟踢到石头绊倒在地上。当他爬起来的时候，发现手里粘了一根稻草，便小心翼翼地拿着稻草向前走。突然，他听见小孩号啕大哭的声音，走上前去。当小孩看见青年手上拿着稻草，立即好奇地停止了哭泣。青年就把稻草送给小孩，孩子高兴得笑起来。小孩的母亲非常感激，送给他三个橘子。

他拿着橘子继续上路，不久，看见一个布商蹲在地上喘气。他走上前去问道："你为什么蹲在这里，有什么我可以帮忙吗？"布商说："我口渴得连一步都走不动了。""这些橘子就送给你解渴吧。"青年听后大方地说。

他慷慨地把三个橘子全部送给布商。布商吃了橘子，精神立刻振作起来。为了答谢他，布商送给他一匹上好的绸缎。

青年拿着绸缎往前走，看到一匹马病倒在地上，骑马的人正在那里一筹莫展。他就征求马主人的同意，用那匹上好的绸缎换那匹病马，马主人非常高兴地答应了。

他跑到小河边提了一桶水给那匹马喝，没想到才一会儿，马就好起来了。原来马是因为口渴才倒在路上。

青年骑着马继续前进，在经过一家大宅院的门前时，突然跑出来一个老人拦住他，向他请求："你这匹马，可不可以借给我呢？"

他立刻从马上跳下来，说："好，就借给你吧！"

那老人说："我是这大屋子的主人，现在我有紧急的事要出远门。等我回来还马时再重重地答谢你；如果我没有回来，这宅院和土地就送给你好了。你暂时住在这里，等我回来吧！"说完，就匆匆忙忙骑马走了。

青年在那座大宅院住了下来，等老人回来。没想到老人一去不回，他就成了宅院的主人，过着富裕的生活。这时他领悟到："呀！我找了许多年能够成为富翁的方法，原来这样简单！"

求取财富的道路不是靠无尽的索取，而应该是善意的施予，施予人方可得到他人的帮助，你的财富也才会逐渐积聚。倘若你只是一味地索取，最终只会断了财源。这就是佛法中所讲的因果报应。所以积聚财富的过程还应该是一个积聚人格的过程。

世界十大华人首富之一的李嘉诚因为秉承父亲遗训，立身处世，要求自己做到诚信、谦让、孝悌、宽恕。对钱财的观念，就如孔子所说，"不义而富且贵，于我如浮云"。

李嘉诚仗义助人，世所共知。只要能够对其他人有所帮助，使其他人得到快乐，他自己受损失也在所不辞。

1973年，世界发生了石油危机，当时物价指数大升，通货膨胀剧烈。其时李嘉诚的塑胶生意已经不是他的主要生意了。李嘉诚已经在60年代将地产业作为主要的投资方向。但因为他的公司仍然是塑胶行业中营业额最多的，所以他被推举为该行业公会的主席。而此时，长江实业的地产业务，其收益已经远远超越塑胶业务。1973年的石油危机，发生得很突然，百物腾贵，塑胶的进口原料价格暴涨近十倍。不少工厂没有买入足够的原料，但它们早已经接了其他客户的订单，如果没有原料生产，它们可能会被追索赔偿，最终导致清盘破产。此时塑胶原料的价格飞升得厉害，他们根本负担不起。即使买入原料生产，因为成本价涨了这么多，生产后一样是血本无归。很多塑胶厂的业主进退两难，只有坐以待毙，不知如何是好。

李嘉诚作为行业公会的主席，联合所有塑胶生产商，组成统一阵线，直接由国外买入塑胶原料，以打破其他大洋行的垄断。结果塑胶原料价格回落。不过，因为很多塑胶生产商当时在原料高价时不敢进货，现在时间紧迫，交货期限迫在眉睫，如果到期不能完成生产工序及付货给客户，他们一样会有问题。如何解决这个难题，渡过这个难关呢？仗义助人的李嘉诚当时是全香港最大的塑胶生产商，甚至在全世界范围内，他的塑胶生意也是数一数二的。当时李嘉诚的塑胶厂有一批原料存货。这些原料存货对李嘉诚所经营的大企业来说可能只是适量的、不致过多的存货而已，但对一些小规模的生产商，这些原料已经足够他们多年的生产。李嘉诚毫不犹豫地将他手中的原料以低于当时市场价一半的价格，出让给同业的厂家。各厂家因此解决了当时原料不足的问题。李嘉诚这样做法，对自己毫无利益可言，买入的原料，只以一半成本价转让给其他同业，毫不计较个人的利益，只要其他同业能够生存，只要他们能够渡过难关，李嘉诚就感到快乐。这种真诚待人，不计较自己利益，以他人利益为先，以公义为先，即使追寻富贵，也先讲公义的精神，赢得了同业的敬重。像李嘉诚义助同业的例子，在以利为先的商业社会，并不容易找到。

李嘉诚先生的事例给人的启示就是，钱财并不是最重要的，最重要的是心之所安。而心之所安正是因为能够帮助其他人，使其他人快乐，使社会能够添一些温暖，使国家的经济能够因此得益，使民生能够因此进步，这是李嘉诚先生人生中最大的乐事。

"不义而富且贵，于我如浮云"，这是做人的一种胸襟。也是一种禅境的领悟。当一个人真正领悟之后并做到了视富贵如过眼云烟，积累财富却能摆脱财富的束缚。那么，他就能够成为人中的智者。

人生的意义如果只在金钱而没有了道义的支撑，金钱也就失去了它该有的价值。

君子爱财，取之有道

一天晚上，小偷来到良宽禅师的茅屋行窃，结果没发现一件值钱的东西。正当小偷东找西找的时候，禅师从外面回来，撞了个正着。

禅师和气地对小偷说："你既然来了，也不能让你空手而归。我就把我身上的这件衣服送给你吧。"

说完，他就脱下衣服，交给小偷。小偷不知所措，只得灰溜溜地拿着衣服走了。

天亮时，禅师发现那件衣服被叠得整整齐齐的放在茅屋前的石台上。原来，小偷半夜里又把衣服给送回来了。

也许这个世界上没有不爱财的人，尤其是当一个人穷困潦倒的时候，对金钱的渴望就会更加强烈。如何获取财富，每个人有每个人的方式和手段，有正当的，有不正当的，有合法的，有不合法的。古人曾经告诫我们：君子爱财，取之有道。面对财富，我们该走怎样的路？也像那个小偷一样去偷吗？但是你能靠偷成为第二个李嘉诚吗？不，没有谁能靠不正当手段聚敛财富而成为富豪的。真正的财富源自于智慧以及正当的手段。

有人可能会误以为，李嘉诚先生能够赚到这么多钱，他对钱财一定是很执着的，他一定是一个爱财如命的人，又或者他在商场内会千方百计去赚钱。如果你这样想，你就看错一个成功人士的赚钱手法了。

有人访问过李嘉诚先生，问他的成功之道。李先生谦虚地说，他只是一个普通人，并算不上是成功。只是在日常的生活中，有一些原则，他是一定会遵守的。这些原则，包括了做人要勤恳，不可以懈怠，做人要克勤克俭，不可以浪费。另外他认为，对自己要节俭，但对他人则一定要慷慨，做任何事，都应该为他人的利益着想，以他人的利益为最重要的依归。

李嘉诚先生讲到赚钱原则时说，他做生意的手法是利己利人，"是我的钱，一元我都要。不是我的钱，送到门口我也不会要"，"不义而富且贵，于我如浮云"。

作为中国人，我们庆幸有李嘉诚先生这样的商业巨富为中国人争光，使外国人知道，中国一样有杰出的生意人，一样有超乎常人商业头脑的人，一样有目光如炬、有先见之明的生意人。同时，李嘉诚先生所赚的钱，全部是在提供产品及服务顾客时，使顾客感到满足、大家互惠互利之下所赚回来的钱。这些钱不是他旗下的企业通过剥削消费者或是以任何形式的巧取豪夺而得来。用他自己的话说，他的每一分钱都可以公开。

李嘉诚先生虽然贵为华人首富，但他绝对不是一个贪财的人。他为人节俭，为公益不遗余力，为兴办教育事业劳心劳力，他赚到的钱都是从正当生意中获取的。他认为值得赚的钱就尝试去赚，以"有道"的方法，即不害人、不剥削他人、不巧取他人、不豪夺他人，在商场上互惠互利，甚至舍个人利益，以公利为先去赚钱，才赚得踏实、顺心。这是一种气度、一种胸襟、一种令人尊重的情操。虽然没有巧取，没有豪夺，只是公平交易，但就是因为他做生意手法公正公平，使他赢得了在众人心目中的声誉，也赢得了诚信，这反而使广大消费者对李先生旗下企业的产品和服务有高度的信心，使李先生的业务不愁没有客户，使李先生能够赚得更多的利润。

这证明了一件事，"君子爱财，取之有道"，一样可以令身在商场的人置身于成功人士行列之中，财富一样可以因此而增加。

利用不正当手段获取的财富是一种压力，不足以给人安全感。与其每日都不得安宁，何不只求心安，光明磊落，心地无私地活着。

悟语

取财于有道，用财于有义，不义之财不足取，无义之人不可做。

第四章 / chapter 4

悟生悟死

正确面对生死

佛陀说:"不应取法",讲万法归宗,真正的法只有一个,就是永恒的、不生不灭的自在法。你与死亡同体。所有生命都应该感谢死亡,因为如果没有它的限制,我们就真的死亡了。畏死者求生,怕黑的人自身放射光芒。

生命无常

古时，有一位妇人，她只生了一个儿子，因此，她对这唯一的孩子百般呵护，特别关爱。可是，天有不测风云，人有旦夕祸福；妇人的独生子忽然染上恶疾，虽然妇人尽其所能延请各方名医来给她的儿子看病，但是，医师们诊视以后都相继摇头叹息，束手无策。不久，妇人的独生子就离开了人世。

这突然而至的打击，就像晴天霹雳，让妇人伤透了心。她天天守在儿子的坟前，夜以继日地哀伤哭泣。她形若槁木，面如死灰，悲伤地喃喃自语："在这个世间，儿子是我唯一的亲人，现在他竟然舍下了我先走了，留下我孤苦伶仃地活着，有什么意思啊？今后我要依靠谁啊？……唉！我活着还有什么意义呢？"

妇人决定不再离开坟前一步，她要和自己心爱的儿子死在一起！四天、五天过去了，妇人一粒米也没有吃，她哀伤地守在坟前哭泣，爱子就此永别的事实如锥刺心，实在是让妇人痛不欲生啊！

这时，远方的佛陀在定中观察到这个情形，就带领了五百位清净比丘前往墓冢。佛陀与比丘们是这么样的安详、庄严，当这一行清净的队伍宁静地从远处走过来时，妇人远远地就感受到佛陀的慈光摄受，她认出了佛陀！她忽然想到世尊的大威德力，正可以解除她的烦忧。于是她迎上前去，向佛陀五体投地行接足礼。佛陀慈祥地望着她，缓缓地问道："你为什么一个人孤单地在这墓冢之间呢？"妇人忍住悲痛回答："伟大的世尊啊！我唯一的儿子带着我一生的希望走了，他走了，我活下去的勇气也随着他走了！"佛陀听了妇人哀痛的叙述，便问道："你想让你的儿子死而复生吗？""世尊！那是我的希望！"妇人仿佛是水中的溺者抓到浮木一般。

"只要你点着上好的香来到这里，我便能咒愿，使你的儿子复活。"佛陀接着嘱咐："但是，记住！这上好的香要用家中从来没有死过人的人家的火来点燃。"

妇人听了，二话不说，赶紧准备上好的香，拿着香立刻去寻找从来没有死过人的人家的火。她见人就问："您家中是否从来没有人过世呢？""家父前不久刚往生。""妹妹一个月前走了。""家中祖先乃至于与我同辈的兄弟姊妹都一个接着一个过世了。"……妇人始终不死心，然而，问遍了村里的人家，没有一家是没死过人的，她找不到这种火来点香，失望地走回坟前，向佛陀说："大德世尊，我走遍了整个村落，每一家都有家人去世，没有家里不死人的啊……"

佛陀见因缘成熟，就对妇人说："这个婆娑世界的万事万物，都是遵循着生灭、无常的道理在运行；春天，百花盛开，树木抽芽，到了秋天，树叶飘落，乃至草木枯萎；这就是无常相。人也是一样的，有生必有死，谁也不能避免生、老、病、死、苦，并不是只有你心爱的儿子才经历这变化无常的过程啊！所以，你又何必执迷不悟，一心寻死呢？能活着，就要珍惜可贵的生命，运用这个人身来修行，体悟无常的真理，从苦中解脱。"老妇人听了佛陀为她宣说无常的真谛后便扭转了自己错误的观念知见，此时围绕在冢间观看的数千人群，在听闻佛法真理的当下，也一起发起了无上菩提心。

生命每时每刻都在不停地消逝，然而能洞察到这一点的人却不多，洞察到并能够超越的人更是微乎其微。通常，人们总是沉浸在种种短暂幻化泡沫式的欢乐中，不愿意正视这些。然而，无常本就是生命存在的痛苦事实，故生命从来就没有停止流逝。

然而生命的流逝乃至消失，又是必须面对的事实。逃避是不可能的，也无法逃避。无常的真理在事物中无时无刻不在现身说法；依恋的亲人突然间死去，熟悉的环境时有变迁，周围的人物也时有更换。享受只是暂时，拥有无法永恒。

秦皇汉武、唐宗宋祖，转眼间，而今都已不在。人世间的荣耀与悲哀，到最后统统埋在土里，化作寒灰。他们活着的时候，南征北战，叱咤风云，风流占尽，转眼间失意悲伤，仰天长啸，感叹人世，溘然长逝了，也都化成一抔寒灰。如果生前尚能冷静地反省，一定会明晓生活在世界上是大可不必吵闹不休的。"闲云潭影空悠悠，物换星移几度秋？阁中帝子今何在？槛外长江空自流"。

春该常在，花应常开，而春来了又去，了无踪迹；花开了又落，花瓣也被夜里的风雨击得粉碎，混同泥尘，流得不知去处。

的确，人们每提起"人生无常"这个观念，大多认为意义是负面的，但我们是否曾从相反的角度来考虑问题——若不是有无常的存在，花儿永远不会开放，始终保持含苞的姿态，那大自然不是太无趣了吗？大自然中，当花草树木的种子悄悄地掉落大地，无常就开始包围着它们，让阳光、土和水来滋养和改变它们，不消多久，植物的种子开始生根、发芽、长叶、开花和结果，让人们惊异于生命的可贵，这是无常带来的改变，这种改变是一种喜悦。

人们害怕无常，不喜欢无常带来的负面改变。但是，任何现象都是一体两面的，有白天就有黑夜，有好就有坏，有对就有错，有生就有死，有天堂也有地狱，因此不必害怕无常，反而要勇敢地接受无常，迎接它令人欢喜的一面，也接受它使人痛苦的另一面。

悟语

诸行无常，一切都不会久住。人、动物、花草、树木、山川、土地，都是不会常住的，会生便会灭。

参透生死心自宽

北宋大将军曹翰率部下渡过长江，进入圆通寺，禅僧们惊恐奔逃，而缘德禅师却跟往常一般平静地坐着，曹翰走到禅师跟前，禅师不站立不拜揖。曹翰大怒，呵斥道："长老没听说过杀人不眨眼的将军吗？"禅师看了他很久，回答说："你哪里知道有不怕死的和尚呢！"曹翰极为惊奇，对禅师产生了敬意，问："禅僧们为什么走散了呢？"禅师回答："敲起鼓来自会集合。"曹翰让手下去击鼓，并无禅僧到来。曹翰问："为什么不来？"禅师答："因为你有杀人之心。"说着自己起身击鼓，果然禅僧们就来集合了。曹翰向禅师礼拜，请教取胜的策略，禅师从容答道："这不是禅僧所了解的事。"

缘德禅师不惧生死，从心理上击败了大将军曹翰，使圆通寺化险为夷。这种良好的心态是禅师智慧的体现，是在长期的修炼过程中养成的。人生一世，什么情况都会遇到，天灾人祸时时难免，只有练就不惧生死的良好心态，才能镇定自若，冷静处理，走出险境。即使走不出去，也会大义凛然，视死如归，再现大丈夫气概，使后人代代敬仰，奉为楷模。

禅宗经典《正法眼藏》对人生的提示是：生即生，灭即灭，正视这轮回往复，均属自然。不怨天，不尤人。

我们在翻阅禅宗语录时，最使我们震惊的莫过于禅师在死亡之前的那种宁静旷达了。用"视死如归"一词来形容禅师对待死亡的态度，是绝对没有一丝夸张意味的。传说唐代法常禅师是这样告别人世的：有一天，法常禅师对弟子们说："将要来临的不可抑制，已经失去的无法追回。"弟子们大概感觉到了什么，不知说什么好。静默之间，忽然传来老鼠的吱吱叫声。禅师说："就是这个，并非其他。你们各位，善自保重，吾今逝矣。"说完就去世了。再有，以烧佛像取暖而闻名禅林的天然禅师是这样逝世的：长庆四年六月，禅师对弟子们说："准备热水洗浴，我就要出发啦。"洗完澡，禅师戴上笠帽，穿上鞋子，操起拄杖，从床上下来，脚还没着地，就去世了。

类似的记载在禅宗语录和传记中屡见不鲜，并不是后人写作时的美饰和杜撰。得道禅师在死之前丝毫没有惊怕和恐惧，没有因留恋人生而引起的痛苦和不安，没有因世事牵累而造成的遗恨和困惑，而是通达从容，不失诙谐，保持了禅的风格、禅的精神的连贯和一致。禅师们对待死亡有此共识，出于多方面的宗教和人生涵养，其中有一条，那就是清楚地认识了自我在自然界中的适当位置，反映了禅对生命流程、对生死规律的深度认知。

日本关西电力公司在黑部川第四发电厂的建设施工中遇到了险情。当掘进主隧道的时候，碰上了破碎地带，冰冷的水止不住地从石缝中喷泻出来，工程搁浅，进度被迫停止。虽然动员了世界各国的土木工程权威专家，想尽了各种办法，技术上仍然无法解决问题。水不断轰响着向外涌流，公司的命运也处在了危急存亡的紧要关头。这时，负责指挥的太田垣士郎总裁，来到了现场。他穿好工作服，准备进入隧道。"总裁，太危险，您还是上去，这里由我们来干。"工人们都极力劝阻，因为进入隧道就有生命危险。然而太田垣总裁没有退却，他喊道："目标，掘进面！"说完，便踏进了齐腰深的冷水，向掘进面走去。工人们见此情景，纷纷下水，紧随其后，拼命和水流战斗，一时间，血和污泥混合在了一起。在总裁的带领下，工人们深受感动和鼓舞，每个人都是一身泥水，听到消息的公司其他职员们也纷纷伸出了援助的双手，开展了"帮助隧道工程"的活动，使公司终于渡过了难关。

生对于每个人来说只有一次，他可以躲在舒适安全的环境中，碌碌无为度过一生；也可以将生死置之度外，在每一个关键时刻尽力地发挥出自己的光和热，为自己的一生留下一些有价值的、值得回忆的东西。当然，这需要具备与命运作斗争的勇气和心胸。太田垣总裁正是以这种精神挽救了危难局势。有时候，在与困难作斗争的过程中，尽了最大的努力，也未能使希望实现，这时，我们也不要气馁，而是要正视现实，查找根源，尽己所能，历练心志，为以后能迎头赶上打下良好基础。

《正法眼藏》告诫世人：在无常到来之际，国王、大臣、亲属、仆人、妻子、珍宝，一切都是空的，只能一个人孤独地奔赴黄泉。

的确，在死亡面前，国王、大臣、亲属、仆人、妻子等，无论是高贵还是卑贱，无论是富有还是贫困，都是无计可施的。受到这种人生无常的哲学思想熏陶之后，人们就会理解心平气和是悟道的表现，也就能够平心应物地生活下去。

人生是不可预测的，世事无常，不知在什么时候人的生命就要终止了，所以，道元禅师说："正因为人生无常，才更要加倍努力追求正道。"

一个人的生命是有限的，这是十分明显的道理。在有限的生命历程中，能做些有意义的事，为后人留下点有价值的东西，就是我们要追求的正道。

悟语

珍惜生命、顺应自然，该来的终归会来，该去的终归会去。我们无法挽留，也无法驱散，平心对待，一切随缘。

珍惜活着的时间

有一个小和尚在一座名刹担任撞钟之职。他自认为早晚各撞一次钟，简单重复，谁都能做，并且钟声只是寺院的作息时间，没什么大的意义。就这样，敲了半年钟他便感到无聊至极，"唉，做一天和尚，撞一天钟吧。"

有一天，方丈宣布调他到后院劈柴挑水，原因是他不能胜任撞钟之职。

小和尚听了很不服气，心想我撞的钟难道不准时、不响亮？

方丈告诉他说："你的钟撞得很响，但是钟声空泛、疲软，没什么力量。因为你心中没有'撞钟'这项看似简单的工作所代表的深刻意义。钟声不仅仅是寺里作息的准绳，更为重要的是要唤醒沉迷的众生。为此，钟声不仅要洪亮，还要圆润、浑厚、深沉、悠远。心中无钟，即是无佛；不虔诚，不敬业，怎能担当神圣的撞钟工作呢？"

时间对于每个人而言都是短暂的，我们应该对此有清醒的认识，不能像小和尚一样做一天和尚撞一天钟。

宋神宗时，宗本禅师应召住持洛阳慧林寺，多次进宫说法，备受礼遇。到了晚年，以老乞归。离开洛阳城的时候，前来送行的王公贵戚车马相接。临分别时，宗本禅师告诫他们："岁月不可把玩，衰老、疾病随时可能来到。只有勤于修习，千万不可懈怠。"

的确，人的一生是短暂的，不管你如何养生，死亡终究是免不了的。如何能不虚度此生呢？唯有充分利用时间，努力、努力、再努力。

时间对于每个人都很公平，它不因你位高、权大、富有而多给你一分一秒，也不因你位卑、势小、贫穷而少给你一分一秒，关键是你如何去把握它。鲁迅先生说过，浪费别人的时间等于谋财害命，浪费自己的时间等于慢性自杀。伟大的文学家高尔基也曾说："世界上最快而又最慢，最长而又最短，最平凡而又最珍贵，最容易被忽视而又最令人后悔的就是时间。"我们要珍惜时间老人赐给我们的每一天，努力工作，让每一天都过得充实而又快乐，既不浪费自己的时间，更不浪费他人的时间。

一个人在年幼时总觉得时间是取之不尽，用之不竭的。如果你现在蹉跎岁月，等将来某一天你终于明白时间的宝贵时，可能就太晚了。财富是有形的东西，我们在消耗它时还能引起警觉；而时间是无形的东西，你稍一放纵自己，它就会溜走，而且根本不会引起你的注意。

　　颇具盛名的财务大臣劳伦斯曾说过："为一便士而笑的人，就会为一便士而哭。"这句话同样适用于时间，即为一分钟而笑的人，就会为一分钟而哭。一秒、两秒的时间虽然极为短促，但你也不可轻视它。如果你不珍惜这看似微不足道的短暂时光，那么一天之中的无数个小时也将被浪费掉，一年下来，你浪费的时间将无法估量。

　　在对待时间的问题上，还有一点值得一提：你不要把"空闲时间"和"空白时间"混为一谈。例如，你要在两点钟去见一个朋友，但你在一点钟离开家门，准备顺道赶在两点钟之前去拜访另一位朋友。不巧的是，那位朋友不在家。这时，你该如何安排两点钟之前的这段时间呢？是在街上漫无目的地闲逛，还是在咖啡馆里坐一会儿？如果是一个会利用时间的人，他绝不会让这段时间荒废掉。他会立刻赶回家，利用这段短暂的时间给朋友写封信，或是做些其他有意义的事。其实，最明智的做法就是，你应在离开家门的时候随身带上一些简短、有趣、知识性的短文，以供在空白时间里阅读。

　　如果你不想让时间出现空当的话，还有很多充分利用时间的好方法。无论如何，你应该明白，与其呆呆地不知该去做什么，不如效仿一下高效利用时间的人，有效地去分配时间。

　　如果一个人连片刻的时间都能有效利用，那么他便能把握住更多的时间。你不要认为片刻的时间很短促，浪费掉了也不可惜。如果你抱着这种态度，那么事后想再将它们追回来就困难了。因为时光不会倒流，它只能是义无反顾地向前，所以我们生命中的一分一秒都值得好好珍惜。

生命有限，时间无限，只要你懂得珍惜，时间将让你的生命延长。

由死而悟

日本的亲鸾上人 9 岁时，就已立下出家的决心，他要求慈镇禅师为他剃度。

慈镇禅师问他："你还这么年少，为什么要出家呢？"

亲鸾答道："我虽年仅 9 岁，父母却已双亡，我不知道为什么人一定要死亡？为什么我一定非与父母分离不可？为了探究这层道理，我一定要出家。"

慈镇禅师非常嘉许他的志愿，说道："好！我明白了。我愿意收你为徒，不过，今天太晚了，待明日一早，再为你剃度吧！"

亲鸾听后，非常不以为然地道："师父！虽然你说明天一早为我剃度，但我终是年幼无知，不能保证自己出家的决心是否可以持续到明天，而且，师父！你已经年高，你也不能保证你是否明早起床时还活着。"

慈镇禅师听了这话以后，拍手叫好，并满心欢喜地道："对的！你说的话完全没错。现在我就为你剃度吧！"

亲鸾的态度充分表明了佛教对人生的珍惜。的确，净土宗的印光大师警诫世人——念死。为什么要念死呢？因为我们活在色、声、香、味、触、法的幻象世界，以浊秽为净，以无常为常，以逼迫为安，以虚妄为实。不肯散财布施，不肯退步委曲，不肯柔和无诤，更不肯给人信心和欢喜。过去的圣贤，所谓立功、立德、立言，福泽后人，他们施予众生福乐恩惠，增添人间富丽色彩，他们无憾而终，含笑归去！

人经历世间数十年的寒暑岁月，终究会有老病死亡的一天，很多人面临死亡，常常是不甘愿、不放心地离开。因为他还有志愿没有实现，还有事业没有完成，还有恩惠来不及报答，还有善事功德不尽圆满。

他们感觉自己对于世间亏欠很多，可是无常一到，由不得人拖延一刻，最后迫于无奈，只有把种种的歉疚和惭愧带进棺材里。因此，一个人在世间，该担负的责任要一肩挑起；受别人的滴水恩德要及时回报；需要忏悔认错的事，更不要推诿粉饰；需表达沟通的情感，何必吝于开口呢？心头摒除闲事牵绊，自在洒脱地走人间一回。

不要把歉疚带到棺材里，让我们重新省思生命的价值，今生要留下什么在人间呢？贪欲还是施舍？嗔恨还是宽恕？斗争还是和平？索求还是余荫？

平日里死亡对我们而言，像梦一般遥远，我们总想：怎么会呢？但事实上那是每个人终有一天都会面对的现实，即使最爱的人也要被迫分离，被迫抛弃已有的财产、地位，终究要到另一个世界去的。浑然不觉的我们总是生气蓬勃地度过或哭或笑的一生。

其实我们每天都在一步一步地走向死亡！有一个少年，他患了一种肌肉萎缩的难治病症，医生已经宣告他来日不多。他不但接受这个死亡宣告，并正视直逼而来的死亡。对其所剩不多的人生，他认为应该留下"我确实已来过一遭"的证明，所以每天拼命地作诗。

我们也许认为死亡是几十年以后的事，或者认为是马上要面临的事，此两种想法不同，生活态度亦随之差距甚大。

倘若我们认为死亡是很久以后的事，则不会慌慌张张地急着要把活着时该做的事做完。但如果死亡迫在眼前，则必会将所剩短暂的时日区分清楚，好好地把握。

日本的上智大学精神科教授小术贞孝曾走访全日本的监狱，他获得一个惊人的结果，那就是死刑犯和无期徒刑犯之间，想法与态度有很大的差别。

死刑犯中有人一晚可作出 20 句甚至 30 句的俳句，或者读完一本深奥难懂的书，或者给同一位女性写了 300 封之多的信，等等，每人都显出自己精力最旺盛的一面。

相反，无期徒刑囚犯则对任何事都提不起兴趣，简直毫无气力、毫无感觉。

仔细想想看，我们每夜不都在死亡的状态中吗？睡眠是一种假死状态，只不过确知第二天早晨会醒过来，方能安心入睡罢了。谁都无法保证明天一定还会活着，所以不妨将今天视为生命的最后一天，竭尽全心去努力生活吧！

∽ 悟语

念死，是因为我们活着。与其在死前惦念未尽的一切，何不在生时做到让自己无憾。

停一停生命的脚步

我们一生劳碌奔波，却总忘记要找个地方定居下来停一停，到最后骑驴也会被驴踢。

日休禅师曾经说过："人生只有三天，活在昨天的人迷惑，活在明天的人等待，只有活在今天的人最踏实。"但是他又告诫人们："今天，你别走得太快，否则，将会错过一路的好风景！"

现代人看起来实在太忙了，许多人在这忙碌的世界上过活，手脚不停，一刻不得空闲，生命一直往前赶；他们没有时间停一停，看一看，结果，使这原本丰富美丽的世界变得空无一物，只剩下分秒的匆忙、紧张和一生的奔波、劳累。

一天，一位年轻有为的总裁，以比较快的车速，开着他新买的车经过住宅区的巷道。他时刻担心在路边游戏的孩子会突然跑到路中央，所以当他觉得小孩子快跑出来时，就会减慢车速，以免撞人。

就在他的车经过一群小朋友身边的时候，一个小朋友丢了一块砖头打到了他的车门，他很生气地踩了刹车后并退到砖头丢出来的地方。他跳出车，用力地抓住那个丢砖头的小孩，并把他顶在车门上说："你为什么这样做，你知道你刚刚做了什么吗？真是个可恶的家伙！"接着又吼道："你知不知道你要赔多少钱来修理这辆新车，你到底为什么要这样做？"

小孩子央求着说："先生，对不起，我不知道我还能怎么办？我丢砖块是因为没有人肯把车子停下来。"他边说边流下了眼泪。

他接着说："因为我哥哥从轮椅上掉了下来，我一个人没有办法把他抬回去。您可以帮我把他抬回去吗？他受伤了，而且他太重了我抱不动。”

这些话让这位年轻有为的总裁深受触动，他抱起男孩受伤的哥哥，帮他坐回轮椅。并拿出手帕擦拭他哥哥的伤口，以确定他哥哥没有什么大问题。

那个小男孩万分感激地说：“谢谢您，先生，上帝会保佑您的！”

年轻的总裁慢慢地、慢慢地走回车上，他决定不修它了。他要让那个凹坑时时提醒自己，“不要等周遭的人丢砖块过来了，才注意到生命的脚步已走得太快。”

当生命想与你的心灵窃窃私语时，若你没有时间，你应该有两种选择：倾听你心灵的声音或让砖头来砸你、提醒你！

有一位老人，年轻的时候汲汲营营，每天都工作超时，拼命地赚钱。

节假日，同事们带孩子度假，他却到小贩朋友的店铺帮忙，以赚取额外收入。原本计划在还完房屋贷款后，便带孩子们到邻近的泰国玩玩。可是，三个孩子慢慢长大，学费、生活费也越来越高。于是他更不敢随意花钱，便搁下游玩一事。

大儿子大学毕业典礼后一个星期，夫妻俩打算到日本去探亲。可是，在起程前两天的早晨，醒来时，他突然发现枕边的老伴心脏病发作，一命归天了。

这是怎样的遗憾？你是否也因为生活节奏太快、太忙碌而忽略了你所爱的人呢？

其实，人不是赛场上的马，只懂得戴着眼罩拼命往前跑，除了终点的白线之外，什么都看不见。我们不必把每天的时间都安排得紧紧的，应该留下空闲来欣赏四周的风景，来关心身边的人。

悟语

一张一弛，方能感受生活的韵味。倘若生活只有劳碌奔波，也就没有了它存在的价值和意义。

第五章 / chapter 5

悟进悟退

自由进退、智者长存

佛陀说："应无所住"，也就是说不可停留。在你停留的地方，就是你的路终止的地方。

以退为进

有一位学僧正在寺前的围墙上临摹一幅龙争虎斗的画像。图中龙在云端盘旋将下，虎踞山头，作势欲扑。虽然他已修改多次，却总认为其中动态不足。这时，无德禅师从外面回来，学僧就请禅师评鉴一下。

无德禅师看后说："龙和虎的外形画得很好，但龙与虎的特性你又知道多少？你现在应该要明白的是龙在攻击之前，头必须向后退缩；虎要上扑时，头必然向下压低。龙颈向后的曲度越大，虎头越贴近地面，它们也就能冲得更快、跳得更高。"

学僧非常欢喜地说道："师傅真是一语道破，我不仅将龙头画得太向前，虎头也太高了，怪不得总觉得动态不足呢。"

无德禅师借机说教道："为人处事，参禅修道的道理也一样。退一步的准备之后，才能冲得更远。"

学僧不明白，又问："师傅，退步的人怎能向前？"

无德禅师严肃地说道："手把青秧插满田，低头便见水中天；身心清净方为道，退步原来是向前。"

学僧至此才醒悟。

禅者乃人中之贤，以退为进，以谦为尚，所以他们看似不争、不进，实则是大争、大进。生活中你无论遇到了什么情况，都必须考虑周密，该退时则退，该进时则进，如果逆时而动，结果只会是失败。必要时能够以退为进，则人生大事可成矣。

曾几何时，日本丰田汽车公司为了确保汽车在日本的销售市场，深谋远虑，从解决城市的汽车与道路的矛盾入手，先后成立了"丰田交通环境保护委员会"，在东京车站和品川车站首次修建"人行道天桥"；还投资 3 亿日元在东京设立了 120 处电子计算机交通信号系统，使交通拥挤现象得到缓解；另外还投资创办了汽车驾驶学校培养更多人学会开车；还为儿童修建了汽车游戏场，从小培养他们学会驾驶本领。良苦用心最终如愿以偿，汽车销量日益增多，公司效益也相当可观。

丰田缘何营销成功？一言以蔽之：采取"以退为进"的营销策略。此招，乍一看，他们所做的种种事似乎与汽车销售是风马牛不相及的，此乃"醉翁之意不在酒"，这是一种迂回战术。现实生活中，有时走迂回道路，反而比走直路更易到达目的地。试想想，假如丰田公司一味从正面宣传自己产品如何好，结果很可能是多花了冤枉钱，销路依然不畅。采取"退"，表面上看似离开了汽车销售这一主题，事实上达到了占领市场增加销路的目的。

这个事例告诉我们，面对一座极为陡峭的高山险峰，我们不要冒险去攀缘直壁而上，应绕着山路环行，以便安全到达山顶。我们捕鱼时，要用渔竿、渔网，而不是要跳到水中乱抓乱搅，因为那样恐怕一条鱼都不会捞到；一截钢条，我们要想将它弄弯，直接用力去折，恐怕会将其折成两半，但若先用火烧红，再用锤头敲打，则可使其成为我们想要的形状。

美国有一家经营新型剃须刀的公司，原公司负责人曾答应分销商通过新闻等媒体为新剃须刀大力促销。然而，后来这家公司由于内部亏损即将倒闭而被另一公司买下，由于当时审查广告的机构对剃须刀是不是医疗用品争论不休，宣传活动被迫取消。为此分销商声明要退回剃须刀。收回剃须刀，对一个刚刚收买来的毫无经济实力的公司来说，无疑是一个沉重的打击，这意味着将危害到公司的贷款合约，被银行抽回资金；然而不收回剃须刀，则与分销商建立的关系将毁于一旦。在进退两难之际，公司新的负责人为了不失掉最大潜在客户，只好采取"退"的决策，同意收回剃须刀，同时积极与银行交涉，力争把损失减到最低限度。按正常发展速度估计，同意退货后，还需经过大致两个月的文书往返，到那时退回来的货已经少了很多，再加上退货之后，还有一个月才需要退还货款，到 3 个月后，公司一切都已走上了正轨，有能力消化这些损失。和银行方面达成协议之后，结果如预料的那样。3 年后，公司业务蒸蒸日上，良好的信誉使这家分销商占公司业务的 50％，而不是原来的 20％。这就是退一步虽失小利，终获大利。

"先予后取，以退为进"的要领在于不计当前利益，着重长远利益，吃小亏，占大便宜。所有的退却都是为将来更大的发展做铺垫。生活中有些人只顾眼前收益而没有长远打算，这是一种不明智的行为。有时，一些退路是必走的，迂回而行比盲目向前要可靠得多。

悟语

退亦是进，进亦是退，进退成败，皆须因时而动。

向目标直行

一天，钓鱼人看见一个老和尚在凛冽的寒风中过河。老和尚把自己脱得一丝不挂，然后顶着衣服一步一步走下水去。

钓鱼人喊住老和尚说："师傅，上游有桥。"

老和尚说："知道。"

他说："师傅，下游有渡。"

老和尚还说："知道。"

但老和尚并没有回来，他一步一步远去，在呼啸的寒风中走向对岸。

在老和尚之前和老和尚之后，有无数青年也要过河，但到河边他们就停下了。他们问钓鱼人附近有桥吗？钓鱼人说："上游十里有桥，下游十里有渡。"

年轻人听了，立即离开河边，或上或下绕道而去。有一个人或许嫌路远，没走，他脱了鞋，一步一步走进水里。当冰冷的河水没过膝盖时，那人停住了，继而，又一步一步回到岸上，穿好鞋离开河边绕道而去。

也许在我们前进的过程中，会有许许多多的艰难险阻。那么，你怎么办？选择绕道而行，还是直面困难，向目标的方向勇往直前，无论前面有多少荆棘。

佛说："贤者能看破放下，不因为有人讥毁而伤心，不因为有人称誉而欢喜。贤者之心，有如石山，虽有大风，亦不动摇；亦即有讥毁贤者，有称誉贤者，贤者皆不动心。"

汉代的史学家司马迁就是这样一位执着坚忍、披荆斩棘、自强不息的历史强人。

公元前 145 年（汉景帝中元五年）司马迁出生在一个仕宦家庭。司马迁的父亲司马谈，曾任汉武帝的太史令。汉代的太史令，主要掌管天文星历、占卜祭祀、文书记载等事情，属于比较一般的职司。然而，司马谈博学多才，精通天文学、易学和黄老学，是一位著名的学问家。他写过《论六家要旨》的学术论文，将古代的学术思想分为阴阳、儒、墨、名、法、道六家，并对各家的优缺点进行过评论和总结，其中对道家思想尤其推崇。司马谈崇尚道家，与当时汉武帝的"独尊儒术"，显然是针锋相对，独树一帜。他是一位敢于坚持己见的思想家。司马迁在这种家学的熏陶下，受到了很大的影响。

公元前 108 年，司马迁在他父亲死后的第三年，正式继任父职，做了汉武帝的太史令。从此，他利用宫廷图书馆，搜集大量文献资料，为著述《史记》做了许多准备工作。

公元前 104 年，司马迁以满腔热情，开始著述《史记》。他胸怀壮志，夜以继日，勤奋笔耕。但是，这种平静的著述生活，只过了短短五年，一场横祸突然袭来，使他陷入了绝境。这就是"李陵案"的发生。

公元前 99 年（天汉二年），汉武帝派宠妃李夫人的长兄李广利与名将李陵分兵出击匈奴。李陵率步卒五千人，出居延（今甘肃额济纳旗东）与匈奴三万骑兵相遇，杀敌数千人。匈奴单于大惊，立即调来八万骑兵，全力围攻李陵。在这种情况下，李陵转战千里，士卒死伤无数，最后箭尽道绝，救兵又不至，终于被俘投降。李陵兵败投降的消息，引起朝中一片震动，大臣们都纷纷归罪李陵。当汉武帝问司马迁对这件事的看法时，他直言不讳，毫无顾忌地为李陵辩护。汉武帝立刻大怒，认为司马迁有意打击李广利，为李陵开脱罪责。结果，司马迁被下狱论罪。第二年，又以"诬罔主上"的罪名，将他判处死罪。根据汉代的刑法，死罪可以用钱赎罪，也可受"腐刑"（即宫刑，阉割男子生殖器的一种刑法）抵罪。司马迁家贫，没有钱赎罪，又得不到亲友的接济，终于受了腐刑。

司马迁蒙受如此奇耻大辱，精神受到沉重的打击。在他看来，一切耻辱，"腐刑极矣"！他痛不欲生，曾想自杀。但是，又想到"人固有一死，或重于泰山，或轻于鸿毛"，不明不白地死去，"若九牛亡一毛，与蝼蚁何以异"！想到"草创未就"的不朽事业，司马迁终于在冷酷的现实面前，逐渐地冷静下来。于是，这位为流俗所鄙薄的史家，"隐忍苟活"，并以古代圣贤发奋著述的事例激励自己，用他"身残处秽"的生命去完成那部"究天人之际，通古今之变，成一家之言"的史学巨著——《史记》！

从司马迁的故事中，我们不难看出，执着不仅仅是生存的需要，更是心灵的需要。毕竟，人活着不能没有东西吸引你往前走，也不能不为追赶上这个东西而付出奔跑。或许，我们奔跑了仍然没有追上，但为了有所追求而执着，虽是艰辛的，但为之执着地付出了，也未必不是一种幸福。

不论你身居显位，还是身处平常街巷，无论你奔波于闹市通衢，还是栖身于田园山水，只有有所执着才能置常人眼中的得失、荣辱、毁誉于不顾，才能拥有笑傲人生的旷达与潇洒。执着是一场漫长的分期分批的投资，而成功是对这场投资的一次性回报。执着于自己所爱的事业，追求一份成功与收获，该是生命的价值与意义。只有坚守执着才可能有所收获。为了我们的事业与生活，我们应该永远坚守执着。在目标的引领下，不畏艰辛，不绕道而行。也许收获有迟有早，有大有小，但我们坚守执着本身，就是一种人生的大收获。欣赏执着，品味人生。如果说软弱是生命的悲哀和无奈，逃避是意志的沉沦和丧失，那么执着则是理想的升华和永恒。

∽ 悟语

没有多少时间让我们绕道而行，既然选择了就该直面困境。

以勤作桨

唐代百丈怀海禅师，继承开创丛林的马祖道一禅师衣钵以后，立下一套极有系统的丛林规矩——百丈清规。所谓"马祖创丛林，百丈立清规"，即是此意。百丈禅师倡导"一日不作，一日不食"的农禅生活，曾经百丈遇到许多困难，因为佛教一向以戒律规范生活，而百丈禅师改进制度，以农禅为生活，甚至有人批评他为外道。因他所主持的丛林在百丈山的绝顶，故又号百丈禅师。他每日除了领众修行外，必亲执劳役、勤苦工作，对生活中的自食其力极其认真，对于平常的琐碎事情，尤不肯假手他人。

渐渐地，百丈禅师年纪老了，但他每日仍随众上山担柴、下田种地。因为农禅生活就是自耕自食的生活。弟子们不忍心让年迈的师父做这种粗重的工作，因此，大家恳请他老人家不要随众出坡（劳动服务），但百丈禅师仍以坚决的口吻说道:"我无德劳人,人生在世,若不亲自劳动,岂不成废人?"

弟子们阻止不了禅师服务的决心,只好将禅师所用的扁担、锄头等工具藏起来,不让他做工。

百丈禅师无奈,只好用不吃饭的绝食行为抗议,弟子们焦急地问他为何不饮不食?百丈禅师道:"既然没有工作,哪能吃饭?"

弟子们没办法,只好将工具还给他,让他随众生活。百丈禅师这种"一日不作,一日不食"的精神,也就成为丛林千古的楷模!

勤为无价之宝,有益而辛勤的劳动总是人们安身立命的基础。古话说:"业精于勤而荒于嬉。"一切术业的专精与实业的成就都在于勤奋地付出努力,名誉和光荣所构成的因素,就是辛劳所结的果实。

人性的偏失,最需注意防范的就是逸乐。

"户枢不蠹,流水不腐,以其劳动不息也。"停蓄池水,因为不流动的缘故,遂生腐败的细菌。逸乐并非幸福,逸乐惯了的人,越逸乐越觉不足,致使机能皆废,无事可做。人世间就因怠惰而令人毁心销骨,一切恶事皆由此生。

一个人精神的怠惰,比起身体的怠惰更糟,好像有智慧而不使用,有思想而不知探索,不就是如同销毁无价值的废料一样?

勤劳精神在个人生存和发展中起着决定性作用。古人云:"一生之计在于勤"。早在《易经》中就有这样的言论:"君子终日乾乾,夕惕若,厉无咎。"即君子白天辛勤不倦,自强不息,晚上谨慎小心,即使陷入危险境地,也可化险为夷。

佛说:"一个人如果能对自己的工作与职责,勤勉不怠,不粗心大意、不放逸,对于事件又能妥善办理,对于安身立命及生活职业亦安排得适当合理，那么资财对于他来说，未得者可得，既得者则能永远妥为保存，不致散失。"

中国人历来对勤勉敬业褒扬有加。周文王的祖父留给周文王的训条是：敬胜怠者吉，怠胜敬者灭。敬重地对待自己的工作，克服怠惰懒散的习惯就会得吉；让怠惰的心理占上风就要遭灭亡。孔子的先祖正考父是这样对待职务晋升的：《史记》记载他"一命而偻，二命而伛，三命而俯"。偻、伛、俯是表示背脊弯曲程度的字。俯已是面朝黄土背朝天了。官当得越大，他的腰弯得越厉害，危机感越重。三命是上卿之职。就凭孔子先人的这种敬业精神，鲁国大夫孟釐子认为"圣人之后，必有达者"，临死时把儿子叫到身边，对儿子说："我死后你要把孔子当老师，跟他学习。"

汉武帝一次问社会贤达、八十多岁的申公如何治理国家，申公说："为治者不在多言，顾力行如何耳。"就看你身体力行得怎样。"德"这个字比较抽象，难以把握。古人提出"力行近乎德"。任何事情你只要力行就接近于有"德"了。南宋将领郦琼兵败投降了金国，继续带兵打仗，对两国将帅的作风深有体会：金军打仗，元帅、王爷都临阵督战，矢石交加战斗白热化时脱去盔甲指挥，各级将校意气自发，下面士兵没人敢怕死；南宋将帅出兵，身居数百里外，军令派侍从传递，而且这个军令也是参谋助手的主意，不是将帅自己深思熟虑的决定。郦琼认为金国军队所向无敌，而南宋军队像惊弓之鸟，听到金军拨拨弓弦发出点声响就败散而逃也是必然的。

把你的事情做得密实些，不要说什么功劳苦劳。即使你无罪无错，还会有人到处说你不好。所以古贤勤小事，免大患。勤勉敬业的楷模是诸葛亮，人们用"鞠躬尽瘁，死而后已"来形容他。这是诸葛亮《后出师表》里的句子，也是他出师前向扶不起的阿斗皇帝表明心迹的话。他也是如此实践的，53 岁就过劳死了。他如果活到 73 岁，中国的这一段历史也许就要重写了。他留下的"军井未汲，将不言渴；军幕未施，将不言困；军火未燃，将不言寒；军食未熟，将不言饥"，是他带兵的沥血之言。诸葛亮的勤勉实在令人叹为观止。

勤劳是一个人生存发展的需要，是立身修德最基本的要求，同时也是在人生历程中不断前进的资本。以勤作桨。人生才会更有意义。

悟语

勤劳一日，可得一夜安眠；勤劳一生，可得幸福长眠。

向同一个方向前进

春秋时期，楚国有个大司马一生都很喜欢好剑，一位专为他造剑的工匠尽管八十多岁了，但打出的剑依然锋利无比，光芒照人。

"您老人家年事已高，剑仍旧造得这么好，是不是有什么窍门？"大司马赞叹老匠人高超的技艺。老工匠听了主人的夸奖，心中有些不自在，他告诉大司马说："我 20 岁时就喜欢造剑，造了一辈子剑。除了剑，我对其他东西没有兴趣，不是剑的东西就从不去细看，一晃就过了六十余年。"

大司马听了老工匠的自白，更是钦佩他的精神。虽然他没有谈造剑的窍门，但他揭示了一条通向成功的道理：他专注于造剑技艺，几十年如一日，专一的追求使他掌握了造剑工艺，进而达到一种高妙的境界。有了这样的精神，哪有造剑不是又锋利又光亮的道理！

世上无难事，只怕有心人。精湛的技艺，丰硕的收获，事业的成功，都是靠专心致志、终生追求而取得的。

佛说："要做的事，一定要认真专心地做，不要一面做这事，一面又去做别样事；不要做这事未完，又去做另一件事；亦不要今天做，明天不做。决定要做就认真地做，一直做到成功。"

有位钓鱼高手名叫詹何，他的钓鱼技术与众不同：钓鱼线是一根蚕丝绳，钓鱼钩是用细针弯曲而成，钓鱼竿则是楚地出产的一种细竹，钓饵是用剖成两半的小米粒做成，用不了多少时间，詹何便可从湍急的百丈深渊中钓到一大车的鱼！而他的钓具呢，钓鱼线没有断，钓鱼钩也没有直，甚至连钓鱼竿也没有弯！

楚王听说了他的高超钓技，十分惊奇，便将他召进宫来，询问垂钓的诀窍。詹何答道："从前楚国有个射鸟能手，名叫蒲且子，他用拉力很小的弱弓，将系着细绳的箭矢顺着风势射出去，一箭就能射中两只正在高空翱翔的黄鹂鸟。这是由于他用心专一、用力均匀的结果。于是，我学着用他的这个办法来钓鱼，花了 5 年时间，终于完全精通了这门技术。每当我持竿钓鱼时，总是全身心地专注钓鱼，其他什么都不想，排除杂念。抛出钓鱼线、沉下钓鱼钩时，做到手上的用力不轻不重，丝毫不受外界环境的干扰。这样，鱼儿见到我鱼钩上的钓饵，便以为是水中的沉渣和泡沫，便毫不犹豫地吞食下去。我就这样轻而易举地让鱼儿上钩了。"

这个故事告诉我们，无论做什么事情，都需要专心致志，心无旁骛。一心一意才能发挥人最大的潜力。

梓庆是一位木匠，他擅长砍削木头制造一种乐器，那时人们称这种乐器为鐻。

他做的鐻，看到的人都惊叹不已，认为是鬼斧神工。鲁国的君王闻听此事后，召见他便问道："你是用什么方法制成鐻的？"梓庆回答说："我是个工匠，谈不上什么技法。我在做鐻时，从来不分心，而且实行斋戒，洁身自好，摒除杂念。斋戒到第3天，不再想到庆功、封官、俸禄；第5天，已不把别人对自己的非议、褒贬放在心上；第7天，我已经进入了忘我的境界。此时，心中早已不存在晋见君主的奢望，给朝廷制鐻，既不希求赏赐，也不惧怕惩罚。"

梓庆在把外界的干扰全部排除之后，进入山林中，观察树木的质地，精心选取自然形态合乎制鐻的材料，直至一个完整的鐻已经成竹在胸，这个时候才开始动手加工制作。"以上的方法就是用我的天性和木材的天性相结合，我的鐻制成后之所以能被人誉为鬼斧神工，大概就是这个缘故。"

是的，要想成就任何事情，都必须专一、忘我，摒除名利情的杂念及羁绊，在精神专注、做而不求的情况下，才能完善每项巧夺天工的艺术品，或把一件事情做成功。

春秋时期鲁国有个封疆官吏，出任长梧的地方官。一日，他碰到孔子的学生子牢。三句话不离本行，他与子牢探讨治理地方、管理长梧的方法。

古时封建官吏被百姓尊称为封人。封人和子牢谈得很投机。他讲到自己的治理经验，认为处理政务绝不能鲁莽从事，管理百姓更不可简单粗暴。

从治理之道又谈到种田之道。封人说自己曾种过庄稼。那时，耕地马马虎虎，无所用心，果实结出来稀稀拉拉；锄草粗心大意，锄断了苗根和枝叶，一年干下来，到了收获季节收成无几。

听了封人的讲述后，子牢很关心地打听他以后的状况。封人吃一堑长一智，总结自己种田的教训，第二年便改变了无所用心的态度。他告诉子牢，从此开始精耕细作，认真除草，细心护理庄稼，想不到当年获得好收成，一年下来丰衣足食。

有了种田的失败和成功，封人悟出一条道理，做任何事都贵在认真。现在他出任地方官，便守住这条做人的准则。子牢常常拿封人的事教育他人。一分耕耘，一分收获。种庄稼是这样，做其他任何事都是这样。只有认真负责，通过艰苦细致的劳动才能达到理想的效果。认真是做好任何事情的保证和前提。

我们可以怀抱美好的梦想、伟大的理想，但饭要一口一口地吃，事要一步一步地做，要达到伟大的理想，首先就要脚踏实地、认认真真、专心致志地做好一件事。而不是处处挖井，三天打鱼，两天晒网。这样，就只能一无所获。

悟语

认真、专注地朝着一个正确的方向前进，才会有所成就。

做人要留退路

宋代有一位大禅师，名克勤，就是佛果圜悟禅师。他当年在汾州太平寺任住持时，其师五祖法演曾谓之曰："住持此院，即是给你自己的劝诫。"其师所指也就是"法演四戒"：

（1）福不可受尽。

（2）势不可使尽。

（3）好话不可说尽。

（4）规矩不可行尽。

获此戒的佛果圜悟禅师，获得上乘的智慧，终成为法演的心法弟子，成为临济宗十世法孙，并著有高深微妙的《碧岩录》一书，成为宋代的大禅师。

法演四戒给了我们人生中很好的启发。

（1）福不可受尽。

的确，我们经常会过于沉溺在上天赐给我们的幸福中，而这一点虽然无可厚非，但如果你不加爱惜的话，这个幸福的泉源就会逐渐枯竭，同时，为你带来幸福的"机缘"也会为之断绝。

（2）势不可使尽。

人很容易顺着时势去做一些事情，但这正是危机。在最顺利、运气最好的时候，在不知不觉中会埋下毁灭的种子，是因人并不是在逆境中才开始不幸，而是在势盛时即播下了不幸的种子。

若能懂"功成名就，身退，天之道"的哲理，便能使危机变转机，就不会使势行尽了。

（3）好话不可说尽。

根据法演的解说是："好语说尽，则人必以此为易。"所谓好，就比较广泛的意思来说，也就是"亲善"之意。善言、美辞，因能使你我之间的交情深厚，或引领人类走向真理。但不论怎么样的好语，如果过于详细地予以解说，则其味必减半，会给人一种平易的肤浅感。的确，过犹不及，而法演所说的是更深一层的意思，是以"好话不可说尽"，也可以用来表示好事不能全部说出来，多少要保留一些。

（4）规矩不可行尽。

如果过于拘泥于规矩的话，四周的人就受不了。换句话说，守规矩是好事，但过于重视规矩就会惹人嫌了。昔日的佛陀在森林中枯坐 6 年，以及当时见到的印度苦行外道的苦行情况，终不能证道。所以佛陀见其弊，终不从，后来才在菩提树下悟道、证道。后为众生讲经说法 49 年，普度无数众生，是深知"规矩不可行尽"的大智者。

花看半开，就是教我们凡事须留余地。

明代的奸臣宰相严嵩是江西人。亭州人刘巨塘是宜春县令，来京城拜见皇帝，就随同众人前往严府为严嵩祝寿。寿礼结束后，严嵩疲倦了。他的儿子严世蕃叫人关上大门，禁止出入。这时，刘巨塘因来不及出门被关在严府内。到了中午，刘巨塘正感到饥饿难忍时，有个叫严辛的人，自称是严家的仆人，领刘巨塘从一条小路来到他自己的住所请他吃了饭。饭后，严辛说："以后希望阁下多多关照。"刘巨塘说："你的主人正当显赫昌盛的时候，我能帮你什么呢？"严辛说："太阳不会总是当午，愿您不要忘了我今日的嘱托。"没过几年，严嵩垮台，刘巨塘恰在袁州当政，严辛因为窝赃两万两银押在狱中。刘巨塘想起当年的话，给他减轻了罪，改判为发配边疆。

那些只为一时之爽的举动更多的是在逞能。聪明的人都会看得长远，并为自己留下退路。楚庄王便是其中之一。

战国时期，楚庄王亲自统率大军出外讨伐，结果大获全胜。当班师回京城郢都之时，百姓夹道欢迎，盛况空前。

为了庆祝赫赫战功，庄王在渐台宴请群臣，文武百官谈笑风生，喜形于色。庄王举杯祝贺，并召集嫔妃和群臣同席畅饮。此时，渐台上钟鼓齐鸣，歌舞升平，人们猜拳行令，兴致极高，不知不觉中日落西山。可是庄王及群臣仍然兴犹未尽，遂命点起蜡烛夜宴，又命宠妃许姬斟酒助兴。

正酣畅时，忽然刮来一阵大风，蜡烛都被吹灭了。黑暗中，一个人趁着酒兴，竟然拉住了许姬的衣袖。许姬十分恼怒，又不便声张，挣扎之中衣袖被扯破。直到她机警地扯断了那人帽子上的缨带，那人才惊慌地溜掉。许姬走到庄王跟前，附耳禀报了实情，并请庄王严加查办那个色胆包天之人。

庄王听罢，沉吟片刻，他想到在座的都是出生入死的将领，喝了酒难免会做一些傻事。决定不予追究，于是，吩咐左右先不要点灯，然后命令众人解开缨带，摘下帽子，尽情畅饮。群臣闻言，纷纷解开缨带，摘下帽子，这时庄王才命人掌灯点烛。在烛光之下，只见群臣绝缨饮酒，已无法辨认谁的缨带被扯断了。庄王就像没有发生这件事一样，与众人痛饮至深夜方散。自此以后，庄王再也没有提起此事。

后来，楚庄王在一次与敌人的战斗中身陷险境，有一位将领拼死相救。庄王事后不胜感激，那人说道："请大王原谅罪臣，那晚喝酒被扯下帽缨的不是别人，正是我。"庄王听了，并没有治他的罪，反而嘉赏了他的拼死相救。

当我们对事情无法全面预料时，给自己留下一条后路，不把事情做绝，留点余地是较为妥当的做法。就是因为没有事事周全的计划，所以狡兔才会有三窟。

〜 悟语

水满则溢，月盈则亏，留条退路给自己，似退实进。

第六章

悟守悟立
变通当随时随势

佛陀说："万法无滞"，你不停留，便不会被困住，在该流动和超越的空间里，如果你依然保持原有的状态就只能被淘汰和遗忘。

因时而守，因地而变

　　佛教是从印度传来的，但是中国佛教的特质，归根结底是由中国国情所制约和决定的。佛教不是一成不变的信仰和思想，中国佛教在形态、方法和理论系统上都存在着不同于印度佛教的特点。

　　中国的文化土壤和印度的文化土壤不同。在印度，僧人见了父母和王者都不跪拜，在中国，王者要求僧人跪拜。在印度，佛教有治外法权，在中国，佛教则必须受世俗法律治理。中国的皇帝君王们，可以出于维护封建统治需要而扶植佛教，也可以出于同样的需要限制佛教。中国古代有自己的一套道德规范，有"忠"、"孝"这两面大旗，有儒家思想的正统地位，有道家思想的深刻影响。佛教若想在中国传播，不听王命不行，不讲"忠"、"孝"不行，不遵国法不行，不与儒学、道学妥协、调和也不行。所以，中国的佛教学者，绝大多数在出家以前，已经受到了儒家学说的洗礼，再经道家思想的熏化，然后再学习佛教理论。所以，号称明代佛教四大师之一的德清禅师说："为学有三要：所谓不知《春秋》，不能涉世；不精《老》《庄》，不能忘世；不参禅，不能出世。"他宣传"孔老即佛之化身"。印度佛教种在中国的土地上，成了与原身有

082

很多不同的中国佛教。

但达摩东渡后依然保持着印度佛教的修行方法，即是住心观静，面壁坐禅，行头陀行，达摩采用的又是"外息诸缘，内心无喘，心如墙壁"的入道之法，实在是太苦太苦了。达摩在嵩山少林寺面壁修道，而且一坐就是九年，几乎身不离洞，迹不出山，这自然是传说，但这种传说令人生畏，如此艰苦的修炼法，还不把人吓跑？从古到今的达摩画像，也因此而形成一个模式：满脸络腮胡子，眼大眉粗，神形清苦，面壁而坐，怒颜张目。

六祖慧能之前，禅定修行大多讲究坐卧壁观之法，强调以坐禅为务。达摩壁观九年，终日苦坐，四祖道信"数十年中胁不至席"，五祖弘忍及弟子神秀皆以静坐苦熬为修行之法。他们无不在长夜静坐中，以"渐修"方式求解脱。

唯六祖慧能学禅不步人后尘，适应实际情况，一反传统，大胆提出"禅非坐卧"。他说："住心观静，是病非禅；长坐拘身，于理何益？"慧能曾写一偈，云：

生来坐不卧，死去卧不坐。

一具臭骨头，何为立功课？

慧能反对僵化、单一而死板的坐禅方式，是一种改革。慧能的学佛习禅的顿悟观，更加适应中国的国情，所以慧能的南禅才能"青出于蓝而胜于蓝"。

学习有两种形式：一种是把别人之长与自己国家、企业、个人的具体特点结合起来，使别人之长更具适应性；另一种是不顾具体情况，生搬硬套，人云亦云，似邯郸学步，东施效颦。简单模仿，只求"形似"，反而有害。

模仿的目的不是东施效颦而是要走出新路。所以，模仿不应是简单的效仿。

坚持与变通

一位禅师派他的三个徒弟去远方。把他们送到路口，吩咐道："从这儿往北都是通畅的大路，沿着这条大路走，不要走岔路。"

三个徒弟把师傅的话铭记心中，然后辞别师傅，沿着大路往北走。他们走了大约二百里，发现有条河横在面前，沿河往西走半里就有一座桥。其中一位徒弟说："我们向西走一里路，从桥上过吧！"

其他二位皱着眉头说："师傅让我们一直往北走，我们怎能走弯路？"

说完，他们三个互相搀扶着涉水而去。

过了河，又走了大约二百里，有一堵墙挡住了去路。其中一位又说："我们绕过去吧！"

另外两个仍坚持说："师傅教导我们无往不胜。我们怎能违背师傅的话？"

于是迎墙前进，"砰"的一声，三人碰倒在墙下。三人爬起来还互相勉励："与其违背师命苟且偷生，不如遵从师命而死。"然后又互相搀扶，向墙上撞去……

做任何事都要有灵活性。这条路走不通，还有另外一条。只要能达到目的，走哪条路都一样。没有必要一条道走到黑。

从前有两个年轻人，一个叫小山，一个叫小水，他们住在同一村庄，是最要好的朋友。由于居住在偏远的乡村谋生不易，他们就相约到远方去做生意，于是同时把田产变卖，带着所有的财产和驴子到远方去了。

他们首先抵达一个生产麻布的地方，小水对小山说："在我们的故乡，麻布是很值钱的东西，我们把所有的钱买成麻布，带回故乡一定会有利润的。"小山同意了，两人买了麻布，细心地捆绑在驴子背上。

接着，他们到了一个盛产毛皮的地方，那里也正好缺少麻布，小水就对小山说："毛皮在我们故乡是更值钱的东西，我们把麻布卖了，换成毛皮，这样不但我们的本钱回收了，返乡后还有很高的利润！"

小山说："不了，我的麻布已经很安稳地捆在驴背上，要搬上搬下多么麻烦呀！"

于是小水把麻布全换成毛皮，还多了一笔钱。小山依然只有一驴背的麻布。

他们继续前进到一个生产药材的地方，那里天气苦寒，正缺少毛皮和麻布，小水就对小山说："药材在我们故乡是更值钱的东西，你把麻布卖了，我把毛皮卖了，换成药材带回故乡一定能赚大钱的。"

小山拍拍驴背上的麻布说："不了，我的麻布已经很安稳地在驴背上，何况已经走了那么长的路，卸上卸下太麻烦了！"于是小水又把毛皮都换成药材，又赚了一笔钱。小山依然只有一驴背的麻布。

后来，他们来到一个盛产黄金的小镇，那是个不毛之地，非常欠缺药材，当然也缺少麻布。小水对小山说："在这里药材和麻布的价钱很高，黄金很便宜，我们故乡的黄金却十分昂贵，我们把药材和麻布换成黄金，这一辈子就不愁吃穿了。"

小山再次拒绝了："不！不！我的麻布在驴背上很稳妥，我不想变来变去呀！"小水卖了药材，换成黄金，赚了很多钱。小山依然守着一驴背的麻布。

最后，他们回到了故乡，小山卖了麻布，只得到蝇头小利，和他辛苦的远行根本不成比例。而小水不但带回一大笔财富，把黄金卖了，转眼间成为当地最大的富翁。

生活中的许多事都是如此，也许需要你在无法得知结果之前很快做出坚持还是变通的抉择。但你一定要在灵活、周密的考虑之后做出该守还是该破的决定。否则，只能一事无成。

悟语

是坚持还是变通，需要你从多个角度考虑问题，学会选择，你就具备了成功者的素质。

坚守自我

有一个诗人跪在一尊高大的雕像前，虔诚地拜着。他面露忧郁，显得无精打采。这时，一位云游四方的和尚来到他身旁。诗人来不及站起身，就激动地问："今有一事求教，请指点迷津。伟人何以成为伟人？比如说，像这尊雕像。"

和尚从容地说："伟人之所以伟大，是因为我们跪着。"

"什么？因为我们跪着？"

"是，站起来吧，你也可以成为伟人。"和尚做了一个站立的手势。

"真的？"

"真的，与其执着拜倒，不如大胆超越。"

在现实中，无破则不立。但破有破的基础，立有立的规矩，倘若为破而盲目行动，到头来只会让自己迷失了方向，只有在充分认识自己的基础上，并能保持清醒头脑的人，才能在坚守自我的前提下，打破陈规陋俗的束缚，最终成为他人的楷模。

几十年前，一位住在犹他州首府盐湖城的年轻人做了一件反常的事，令认识他的人大跌眼镜。在这之前，他因为工作勤勉努力，生活节俭有规律而被所有朋友称道。

那么，他做了什么呢？原来他从银行中取出他的全部积蓄买了一部新车，这还不是最"愚蠢"的，当他把新车开回家后，就在车库里动手拆卸汽车，车库里摆满了零零散散的汽车零件。他仔细检查了每个零件，然后又把汽车装好，这个行为重复了许多遍，人们对此感到大惑不解，嘲笑他是不是"疯了"。

几年后，那些嘲笑过这位年轻人的人不得不承认他们错了，因为这位年轻人具有远见，他开始制造汽车了。他的产品引领了整个汽车工业，他还在汽车这个领域做了许多有价值的改进和革新，他成功了。这个当年反复拆装汽车的年轻人名叫沃尔特·珀西·克莱斯勒。

几乎每一个成功的故事都源于一个伟大的想法，而故事的主人公无一例外地会遇到怀疑和困境。而他们的过人之处就在于能够使这些杂音在头脑中沉寂下来，让自己静静地倾听真正的声音。他们的"疯狂"并非真的盲目，其中蕴含着目标，蕴含着方法。正因为如此，他们对自己的行为抱有积极的态度。

　　曾有人形象地把人比作一条船。在人生的海洋中，有的人像无舵船，他们幻想能漂到一个富裕繁荣的港湾。但是面对风浪海潮的起伏变化，他们束手无策，只能随波逐流，幸运的能漂进某个避风港，不幸者可能触礁或搁浅。但那些成功者，他们花时间研究计划、确定目标和航向，他们会选择最佳航线，学习航海技巧，从此岸到彼岸，有计划地行进。那些无舵船航行的距离，他们只要两三年就走完了。他们的成功之处就在于自我调节。

　　一位推销员在街头推销气球。生意稍差时，他就会放飞一个气球。当气球在空中飘浮时，就会有一群新顾客聚拢过来。他每次放飞的气球颜色都不相同，白的、红的、黄的、绿的。

　　这时，有一个黑人小男孩怯生生地拉了一下他的衣袖，仰头望着他，问道："先生，如果你放的是黑色气球，它还会上升吗？"推销员望着飘浮在空中的气球，意味深长地说："孩子，让气球上升的不是它的颜色，而是它里面所装的东西。"

　　气球推销商说的是正确的，能使你登上成功巅峰的就是你自身具有的勇气、意识、意志。

　　敢于重用自己，终究必有大成。心理学研究表明；人的潜能是无限的，大有越开发越丰富之势，敢于重用自己的人，总是努力开发自己的潜能去完成其高远的目标。虽然他在实现目标的过程中，常常会遭受一些挫折和失败，但他从挫折和失败中学到的东西比从成功和顺利中学到的还要多，每一次的挫折和失败都是向成功迈进了一大步。所以他终有大成。

每个人的命运都掌握在自己手中，每个人都可做出惊世骇俗的业绩，关键就在于敢不敢重用自己。谁要总将命运寄托于他人，祈求他人的重用，那结果必将是受人役使和摆布，或者"为他人做嫁衣裳"。

～ 悟语

任何模式的重新确立都要有一定的基础作为依托，失去了这个依托，就只能称之为破坏了。

找不同的方法

老和尚出了一道难题，想考考小和尚们。

"当你来到一条大河边上，岸边无树可伐为舟，无竹可伐为筏，无桥架于水上，无神龟浮出驮你过河，甚至你也不擅泅泳，也不准施展特异功能如飞天遁地，也不可以借助外物和异象，比如河床忽然干涸等，如果非得过河不可，你如何过得？"

众人哑然。良久，一小和尚说："我可以仿效佛祖达摩，一苇渡江，可否？"

老和尚摇头："达摩是达摩，你是你，不可。"

又有一人说："我泅入河中，将浑身衣服湿透，然后爬上原岸，背向大河，让人以为我已过河，可否？"

老和尚又摇摇头，无可奈何地公布答案："往上游走。"

众和尚顿悟。

人一生的创新能力到底有多大？人的创造力为什么总是不能完全发挥出来？其中的主要原因还是思维定式。当我们第一次获得某种成功时，会在不经意中形成思维定式，产生智力创新的惰性，因而限制了以后的发展。

要想在生活中突破这种限制就必须在生活中寻找创新的方法，这就要做到：

（1）把握住转瞬即逝的灵感

灵感稍纵即逝，如果你不能很快抓住，可能一去不复返。那些懂得发掘创造力的人，都已学会如何捕捉和保留那个瞬间的灵光一现。

发明家、作家习惯于携带便笺，为的是随时记下他们的灵感，而有时甚至餐巾纸或糖果纸也是他们的工具，那么，你该怎么做呢？其实很简单，闭上眼睛，身体放松，让思维自由飞翔，让思想自由驰骋。离开了房间，离开了地球，离开了星际，只要别想你周围的人或事，你的思想常常会豁然开朗，觉得到了一个你从未曾到过的世界，一些奇妙的想象也因之而来。

（2）从失败中寻找答案

使思维敏锐的有效办法之一，就是把自己放在可能失败的困难环境中。奇怪的是，只要你处理得当，失败往往就是成功的动力。这是因为，在失败后，我们不得不尝试一些新的办法，这对创造力的培养十分重要。

许多意念的互相竞争，可以大大加快创意的进程。

例如，你过去转动门把手都很容易，这次若转不动，你会拽上拽下，或者用力去摇。最后，你可能肩撞脚踢，甚至喊人帮忙。这些办法源于已熟悉的行为，而创造力并不神秘，它就隐藏在你已知的事物中。

（3）开拓视野涉足不同领域

知识越广博，你潜在的创造力就越丰富。无数的进步是源于创造者在不同的领域都拥有丰富的经验。所以，你应该尝试去涉足你一无所知的领域，进而强化你的创造力。更重要的意义还在于，越来越多的新兴科学产生于两种学科的交叉处，多领域的视野更容易使你触类旁通。

（4）利用刺激的作用

不妨在你周围放些可以激发大脑潜能的东西，并经常更换这些刺激源，借此增强创造力。例如，在你的办公桌上放上一个唐老鸭玩具，或是一枝玫瑰花，或是重新布置一下你的房间。不断地变化，有利于思维的发展。

与周围的人相互沟通也是制造刺激的一种方式。"说者无意，听者有心"，也许，正是某人无意中随口说出的一句话，刺激了你头脑中的某根神经，念头在这一瞬间消失，思想却挥之不去了。

创造性思维，可以锻炼和提高人的认识能力。人们为了了解某些尚未认识的事物，总要探索前人没有运用过的思维方法，寻求没有先例的办法和措施去分析认识事物，从中获得新的认识和方法，从而锻炼和提高人的认识能力。创造性思维，可以极大地丰富人类的知识宝库。在实践过程中，运用创造性思维，提出的一个又一个新的概念，形成的一种又一种新的理论和做出的一次又一次新的发明和创造，都将不断增加人类的知识总量，丰富人类的知识宝库，使人类去认识越来越多的事物。

悟语

创新源于生活，用于生活，激活生活。

唤醒你的创造力

在大多数人的一生中，总有某些时候因为过于沉溺于一个活动，而忘了应该采取必要的步骤使工作更简单、快捷。俗话说得好，"磨刀不误砍柴工"。

你有没有想过，自己已有多长时间陷于日常事务而没有新发现了？也许你会无动于衷？这个世界已经安排得很好了，何必还要费心劳神地想办法改变它呢？也许你会沮丧？认为天生没有创造力。真是这样吗？当然不！

其实，每个人自身都有一座宝藏，一座几乎被遗忘的宝藏，那就是人的头脑中的"创新天分"。头脑能思维，思维能产生创新，创新则能改变世界——内心世界和外在世界，认真挖掘这座属于你自己的宝藏，肯定会有意想不到的收获。

一位学生对老师说："我没有创造力。"

老师问："你晚上睡觉做梦吗？"

"当然做。"

"那么讲一个你认为最有趣的梦给我听。"

学生讲了许多稀奇古怪的梦：飞到了另一个星球，进入了时空隧道，见到了怪兽，等等。

老师问："这些梦很有创意，是谁替你做的梦？"

"当然是我自己做的。"

"是你晚上睡着时做的吗？"

"是的。"

"那么白天上课时也这样做吧。"

就像故事中所说的，许多人中有在睡着的时候才唤醒创造力，醒来时却让它睡着了。

很多人说唤醒创造力很难。他们说：环境太普通了，不能创造。再普通不过的一团泥，"泥人张"能用它捏出形态各异的人、物；他们说：生活太单调了，不能创造。单调无过于茫茫沙漠，而雷赛布在沙漠中开凿了苏伊士运河；他们说：我太迟钝了，不会创造。可是鲁钝的曾参，承续了孔子的衣钵；他们说：我生活困顿，无力创造。可是贫困交加的曹雪芹写成了旷世名篇《红楼梦》。可见，创造无处不在，无时不可。

唤醒创造力并不难，前提是必须相信自己有创造力。接下来要做的就是多看、多想、多做。多看书、看报、逛商店，看你经过的建筑物；多想：换几个角度观察、思考问题，天马行空，培养自己的想象力；多做：打破日常生活格局，随时记录创新灵感，置身新的领域，化创意为行动。你会发现，自己也能成为创意天才。

也许有的人会说："估计我不行，因为我从来都没让自己成功地创造出一种新东西。"那么，你不妨试一试。如果不去尝试，那么你就一点成功的机会都没有。如果尝试了，那你至少有 50% 的可能成功。

不要忽视了你自己的创造力。人的潜能是巨大的，大多数人没有把自己的创造力挖掘出来是受自己心理作用的影响。勇敢地去尝试，说不定你可以发现一个全新的自己。

悟语

天生我材必有用，相信自己，鼓励自己，在实践的操作中发现自己的创造力。

第七章 /chapter 7

悟爱悟恨

爱恨因缘而起

佛陀说:"色不异空"。指出空(虚无)与色(实有)相依存,当你感觉空虚时,你就获得了实实在在的空虚。这是你最大的收获,你将根据你收获的空虚收获等量甚至超量的快乐与幸福。

最伟大的母爱

有一位杀猪的屠夫对母亲忤逆不孝，常发脾气并恶口叱责母亲。虽然屠夫对自己母亲不孝，但对观世音菩萨的信仰倒还有几分虔诚。

一次，他跟着进香团，到南海普陀山朝拜观世音菩萨。他听说，普陀山的梵音洞常常有菩萨现身，他四处找寻，却不见菩萨的踪影。

屠夫十分失望，心里想：为何无缘见到观音呢？恰好路上走来一个老和尚，屠夫上前询问老和尚："我在梵音洞找寻菩萨的真身，从早到晚遍寻无踪，我怎样才能亲见菩萨？"

老和尚一听："你要见观音吗？观音到你家里去了，你回家就能见到观音。"

屠夫深信不疑，临别再问老和尚："要如何认得观音的模样呢？"

老和尚说："她的衣服是反穿的，鞋子也是倒过来穿的，你只要看到反穿衣、倒踏鞋的人，就是观音。"屠夫听完老和尚一番指点，非常兴奋，一路赶着回家。

回到家已经三更半夜了，屠夫一心要看到观音，焦急地敲门："快来开门啦！"

母亲听到是儿子的声音，因为惧怕儿子的粗暴，急着起床开门。匆忙之间，将衣服穿反了，鞋子也踏错了。打开门时，儿子看到母亲的样子，不就是老和尚所说的观音吗？

屠夫终于心有所悟，明白了老和尚的用心，原来时时刻刻为儿女含辛茹苦、受尽人间艰苦的母亲就是活观音。

世间最伟大的爱就是母爱。这爱没有史诗的撼人心魄，也没有风卷大海的惊波逆转，母爱就像一场春雨，润物无声，绵长悠远。它沉浸于万物，充盈于天地。有了母爱，人类才从洪荒苍凉走向文明繁盛；有了母爱，社会才从冷漠严峻走向祥和安康；有了母爱，也才有了生命的肇始、历史的延续、理性的萌动、人性的回归。《华严经》中说："勇猛丈夫观自在。"至于观世音菩萨在世间多现女身道理在于：女人内心中的柔和慈善胜过男子。特别是母爱，观世音深知世间母爱的伟大，所以处处示现女身，感化世人，将世间的母爱加以净化而扩大，去慈爱一切众生，成就正知正觉。

讲一个关于母爱的故事吧。我们没有理由不赞美她、不回报她。

在一个大雪的冬夜，一个小男孩紧紧地拉着母亲的手，胆战心惊地往回走，在一个前不挨村后不挨店的鬼地方遇到了狼。

他们站在原地，紧盯着两只狼一前一后慢慢地向自己靠近。那是两只饥饿的狼，确切地说是一只母狼和一只尚幼的狼崽，在月光的照映下能明显地看出它们的肚子如两片风干的猪皮紧紧贴在一起。母狼像一只硕大的狗，而狼崽似小狗般紧紧地跟随在母狼的身后。

母狼竖起了身上的毛，做出腾跃的姿势，随时准备着扑向他们，用那锋利的牙齿准备一口咬断他们的喉咙。狼崽也慢慢地从母狼身后走了上来，和它母亲站成一排，做出与母亲相同的姿势！

男孩的身体不由得颤抖起来，然而那位母亲面部表情却是出奇的沉稳与镇定，她轻轻地将男孩的头朝外挪了挪，悄悄地伸出右手慢慢地从腋窝下抽出那把尺余长的砍刀。砍刀因常年的磨砺而闪烁着慑人的寒光，在抽出的一刹那，柔美的月光突地聚集在上面，随着刀的移动，光在冰冷的翻滚跳跃。

　　杀气顿时凝聚在了锋利的刀口之上。

　　也许是慑于砍刀逼人的寒光，两只狼迅速地朝后面退了几步，然后前腿趴下，身体弯成一个弓状。男孩紧张地咬住了自己的嘴唇，因为他听母亲说过，那是狼在进攻前的最后一个姿势。

　　母亲将刀高举在了空中，但右手在微微地颤抖着，颤抖的手使得刀不停地摇晃，刺目的寒光一道道飞弹而出。这种正常的自卫姿态居然成了一种对狼的挑衅，一种战斗的召唤。

　　母狼终于长嗥一声，突地腾空而起，身子在空中划了一道长长的弧线向他们直扑而来。在这紧急关头，母亲本能地将男孩朝后一拨，同时一刀斜砍下去。没想到狡猾的母狼却是虚晃一招，它安全地落在离母亲两米远的地方。刀没能砍中它，它在落地的一瞬快速地朝后退了几米，又做出进攻的姿势。

　　就在母亲还未来得及重新挥刀的间隙，狼崽像得到了母亲的旨意紧跟着飞腾而出扑向母亲，母亲打了个趔趄，跌坐在地，狼崽正好压在了母亲的胸上。在狼崽张嘴咬向母亲脖子的一刹，只见母亲伸出左臂，死死地扼住了狼崽的头部。由于狼崽太小，力气不及母狼，它被扼住的头怎么也动弹不得，四只脚不停地在母亲的胸上狂抓乱舞，棉袄内的棉花一会儿便一团团地被抓了出来。

　　母亲一边同狼崽搏斗，一边重新举起了刀。她几乎还来不及向狼崽的脖子上抹去，最可怕的一幕发生了。

就在母亲同狼崽搏斗的当儿，母狼避开母亲手上砍刀折射出的寒光，换了一个方向朝躲在母亲身后的男孩扑了过去。男孩惊恐地大叫一声倒在地上用双手抱住头紧紧地闭上了眼睛。这时，狼口已到了男孩的颈窝。

也就在这一刻，母亲忽然悲怆地大吼一声，将砍刀切进了狼崽后颈的皮肉，刀割进皮肉的刺痛让狼崽也发出了一声渴望救援的哀嚎。

奇迹在这时发生了。

母狼喷着腥味的口猛地离开了男孩的颈窝。它没有对男孩下口。但仍压着男孩双肩的母狼侧着头用喷着绿火的眼睛紧盯着母亲和小狼崽。母亲也用一种绝望的眼神盯着自己的孩子和母狼。母亲手中的砍刀仍紧贴着狼崽的后颈，她没有用力割入，砍刀露出的部分，有一条像墨线一样的细细的东西缓缓地流动，那是狼崽的血！

母亲用愤怒恐惧而又绝望的眼神直视着母狼，她紧咬着牙，不断地喘着粗气，那种无以表达的神情却似最有力的警告直逼母狼：母狼一旦出口伤害男孩，母亲便会毫不犹豫地割下狼崽的头！

动物与人的母性的较量在无边的旷野中相持起来。

无论谁先动口或动手，迎来的都将是失子的惨烈代价。

相持足足持续了 5 分钟。

母狼伸长舌头，扭过头看了男孩一眼，然后轻轻地放开那只压住男孩手臂的右爪，继而又将按在男孩胸上的那只左爪也抽了回去，先前还高耸着的狼毛慢慢地趴了下去，它站在男孩的面前，一边大口大口地喘气，一边用一种奇特的眼神望着母亲。

母亲的刀慢慢地从狼崽脖子上滑了下来，她就着臂力将狼崽使劲往远处一抛，"扑"的一声将它抛到了几米外的草丛里。母狼撒腿奔了过去，对着狼崽一边闻一边舔。母亲也急忙转身，将已吓得不能站立的孩子扶了起来，将他揽入怀中，她又将砍刀紧握在手，预防狼的再一次攻击。

母狼没有做第二次进攻，它和狼崽伫立在原地呆呆地看着他们，然后张大嘴巴朝天发出一声长嗥，像一只温顺的家犬带着狼崽很快消失在幽暗的丛林中。

在这场狼与人的对决中，唯一的胜者便是母爱。因为这种爱无论在何时何地都有超越自然界所有爱的力量。在人的世界里，母爱使母亲呵护自己的孩子远胜过呵护自己的生命。她倾注了自己的全部只为着亲眼看着这个孩子茁壮成长起来，成长为参天大树，女人虽然是柔弱的，却也是刚强的，母爱把柔弱和刚强巧妙地糅合成一层牢不可破的母子情结。

母爱点燃了人类持续不灭的火种。我们最应该感谢我们的母亲，只因母爱的纯洁、无私和伟大。

悟语

没有母亲，便没有我们。没有母爱，我们便会是最孤独、寂寞的行者。

朋友之爱贵乎知己

佛说："每个人，除亲戚可以帮忙扶助外，就只有'知己'。知己，就是很要好、非常亲密、更能扶助的朋友，就是好朋友。人都需要这样的知己好友，不然的话，有困难的时候，就没有人来帮忙扶助了。"

知己，指的是一种交心的友情，它是君子之交、莫逆之交，或生死之交。人们常说："相识满天下，知心有几人。"的确，在人生的旅途中，我们需要友情的滋润，一个人在社会上，如果没有朋友的话，可说是相当孤独而且痛苦。进一步讲，若能在朋友群中，得到一二知己，则于愿足矣！正如鲁迅先生所言："人生得一知己足矣，斯世当以同怀视之。"有了知己，生命才显出它全部的价值。

人之相知，贵相知心，在我国历史上，不乏知己之交实例，伯牙与钟子期，形同莫逆，伯牙善弹琴，钟子期善听琴，其默契已达天衣无缝境。有一天，当伯牙惊闻子期猝逝，伯牙感念"痛失知音"，从此断弦，此即史上有名之"伯牙绝琴祭子期"。另外，管鲍之交，更是千古传为美谈。管仲是春秋时期齐国大政治家，因辅佐齐桓公成为春秋第一霸主而名标青史。齐桓公能得到管仲这个得力助手，是鲍叔牙大力举荐的结果。管仲和鲍叔牙是好朋友，起初管仲和鲍叔牙合伙经商，管仲出的本钱没有鲍叔牙多，可是到分红的时候，他收了应得的那一份，还要再添点儿。鲍叔牙手下的人骂管仲贪得无厌。鲍叔牙替他辩解说："他不是贪这几个钱。他这样做是因为他家人口多，开销大，是我自愿让给他的。"管仲曾经带兵打仗，进攻的时候他离战斗激烈的地方远远的，退却的时候他却跑在最前面。手下的士兵全都对此不以为然，耻于与他为伍。鲍叔牙却说："管仲家里有老母亲，他是为了侍奉母亲的晚年才爱惜其身，并不是怕死。"鲍叔牙百般袒护管仲，是因为鲍叔牙知道管仲是个人才，只是还没有机遇施展。管仲听到这些话，感叹道："生我的是父母，了解我的是鲍叔牙啊！"就这样，管仲和鲍叔牙结成了莫逆之交。

正如中国古人所言：道不同则不相为谋。能够成为朋友并在此基础上成为知己的，不仅是可以相互关爱的，更是可以彼此惺惺相惜的。

如果两人的信仰、原则各不相同，即使成为朋友，最终也会分道扬镳。

三国时代的管宁和华歆同窗求学、同席读书。管宁志趣高洁，把势与利看成粪土一般。而华歆则迷恋金钱、趋炎附势。管宁不愿与华歆为伍，把席子从中割开，两人分坐，以示绝交。两人绝交的原因并不复杂，实际上就是两人的志趣不同，可以说是背道而驰。华歆迷恋金钱、趋炎附势，是个十足的"势利眼"，这类人的眼睛总是向上，总想攀高枝、抱粗腿，无非是要沾点光，捞点好处，如果对待朋友也是如此，那说明并没有真情。

像华歆这样的人很多。古代有一位翟公，官居廷尉之职时，宾客盈门，待他被罢官后，宾客均作鸟兽散。后翟公恢复廷尉官职时，宾客们又都来了。翟公感慨万端，挥笔题词于门上："一生一死，乃知交情；一贫一富，乃知交能；一贵一贱，交情乃见！"这种势利之交在今天也大有市场，一些人就是专好结交社会名流，趋炎附势，"借光"谋私。这种交情，毫无真情可言，表面上那些礼节客套、甜言蜜语，全是一片虚情假意。更有甚者，明里一把火，暗中一把刀。这样的交情，还是早早断了好。如果只是碍于面子，不愿断交，那最终吃亏的还是自己。

志趣不同，特别是势利之交不可取。如果是信仰不同，所走的道路不同，更要当断则断。

道相同、志相合是成为知己的必要条件。没有这个条件，就不能成为知己。即使是做朋友都很难。而这世间最难得的就是一个知己。因为，这种深情厚谊，是人间友谊之中最值得珍惜的爱。因为它可以跨越尘世中的一切距离和阻滞，只为彼此的认可和欣赏，就能够彼此珍惜，相互关爱。

∽ 悟语

缺乏真正的朋友，是最纯粹最可怜的孤独；没有知己，就等于在真正的朋友中间找不到另一个自己。

爱恨皆源于情

佛说："这个世间的一切众生，都被情感这种力量所牵引，也用情感的方法处理这个世间的各种问题。所以世间一切众生，都因为在情感之河中随波逐流，而成为不能解脱的人。"

人性中有两种特质，一是善（善心所）；一是恶（烦恼心所），在善、恶的特质中，各有很多的成分（心所），而这些成分彼此错综复杂地交合，就形成了种种不同形态的感情表象。所以，感情问题，如果我们只是从感情的表象去了解，就会受困于感情的多样化而掌握不到问题的核心。比方说夫妻之间的关系，有的像兄妹，有的像父女，有的像朋友，有的像情人，甚至有的像仇人；同样的，爸爸对女儿，妈妈对儿子，也都有很多不同的类型。所以，只有当我们理解到人与人之间感情的最后关键点是人性深处的综合表现，是人性的本质，我们才能对感情问题作一个最忠实的评鉴。一般说来，如果感情是纯净的，多半是从信、惭愧、无贪的立场出发，比方对元首效忠，对父母孝顺，这是从信出发，也就是他认为这样做是好的、正确的，接受这个观念，所以就产生了孝心、忠心。可是就男女的感情来说，相处不好的各种因素中，最核心的元素是贪（当然父子、兄弟、朋友、君臣之间也有部分是靠贪来达成的），因为有贪，我们的心性无法达到最深刻的纯净，而产生感情，感情的产生，使彼此得到协调、得到沟通。而如果两方面变成排斥，就是因为痴，这是人性最深刻的烦恼。以上，我们已经看到人性中贪的元素是男女感情不好的症结，接着我们再继续从贪的角度来分析男女的感情。

贪的对象有很多，其中色贪第一，眷属贪第二，其他还有财、名、食、睡等，譬如有人贪太太的美貌，有人贪太太的钱财，有人贪太太烧的好菜，有人贪甜言蜜语，这都是贪着。但是男女之间贪着为最深的是情欲，这是维系男女感情最根本的东西。男女的情欲有四个层次，这四个层次本质是一样的，但是程度有差别。第一层次是色，也就是贪着外在的美貌。第二个是情，所谓情使两个人心灵有了沟通点，不管任何沟通点，都会产生情。不但男女之间如此，朋友之间也是这样。所以，有时专家建议夫妻之间要找共同的爱好，其实就是找沟通点，也就是感情的培养。第三个是爱，爱已经是一种执着，就是不管你爱不爱我，反正我爱你！这跟情不一样，它是不需要沟通的。第四个层次是淫欲。淫欲是生理的反应，比较污浊，不管有没有色、情、爱，它只是一种需要解决的生理反应。这四个层次，就是男女之间互相贪着的情执。所以如果没有办法超越这四个层次，就一定会堕入男女情欲的漩涡而为之苦恼。

今天为什么会有那么多人离婚？一定是彼此的贪着已经没有了，或是外面的贪着比对太太的贪着更强烈；而有的夫妻之间根本没有了吸引力，为什么又不离婚？这可能是为了面子，为了小孩。所以感情的问题，不是爱不爱的问题，而是心性纯净与否的问题。今天为什么他会爱一个不该爱的人而舍弃他该爱的人？就是因为他烦恼重、太愚痴、善性太弱了。如果这个人心灵纯净，他站在任何角度，都会把他的烦恼降伏，让他的善性激发，对方再怎么无礼，面对再大的困难，他都不会使感情破灭。所以如何激发人的善性，降伏人的烦恼，才是彻底解决人与人之间感情问题的关键。今天我们看到任何感情的案子，都必须反省到人性的缺憾，知道必定是有烦恼障蔽他的心性，让他的人性陷入无知的状态而造成错误的决定。

悟语

情没了，一切爱、恨、贪、嗔、痴就都没有了，一切皆因心起，无心即无挂碍。

平淡是真

一个夏天的夜晚，小和尚对师傅说："我如何才能让自己的慧心常驻不灭？"师傅微微一笑，反问道："你认为呢？"小和尚摇摇头。师傅站起来对他说："你随我来。"于是，小和尚便随师傅到了寺院的园子里。师傅站定，盯着一株待开的昙花，小和尚也默默地注视着，过了一会儿，只听那昙花噼噼啪啪的，没有几分钟就将自己的美丽一展无遗。而其他的花，却几乎看不到那开放时的样子。到了清晨，昙花那惊艳的美渐渐消逝，而其他的花却在太阳的抚慰下，依然默默地展现着自己的美。小和尚一下子明白了师傅的用意。知道了安守平淡的可贵。

人与人之间的爱情也是如此。

有一种爱情像烈火般燃烧，刹那间放射出的绚丽光芒，能将两颗心迅速融化；也有一种爱情像春天的小雨，悄无声息地滋润着对方的心灵。前者激烈却短暂，后者平淡却长久。其实，生活的常态是平淡中透着幸福，爱情归于平淡后的生活虽然朴实但很温馨。

爱不在于瞬间的悸动，而在于共同的感动与守候。

有一对中年夫妇，是朝九晚五的上班一族。每天早上，先生都扛着自行车下楼，妻子拿着包，一手拿一个男式公文包，一手挎个女式包。走出楼梯口以后，先生放定了自行车，接过妻子手中的两个包，把它们放在车筐里，然后再仔细地调试一下车铃、刹车；再回头让妻子在车后座坐稳了，最后才跨上车用力一蹬，车子载着他们平稳地向前驶去。

先生从来都不会忘记回过头关照一下他的妻子，只见她如小公主一般幸福地坐在车后座上，双手优雅地搂着丈夫的腰，脸上洋溢着满足。先生举手投足间则透着对妻子的关爱，而妻子满脸的幸福也是对丈夫最好的报答。

几十年来，无数个朝朝暮暮，他们都是这么平静地生活着。岁月在他们脸上毫不留情地留下了皱纹，然而他们的心却依然年轻，仿佛还是热恋中的少男少女。骑着自行车的男人对妻子的爱虽然谈不上奢侈，但却是最朴实、最真切、最贴心的，它细微而持久，有如三月春雨沥沥地轻洒在妻子的心田。

这就是地老天荒的爱情，不必刻意追求什么轰轰烈烈的感觉；生活的点滴之中，就有一种"执子之手，与子偕老"的默契。细水长流的爱情，像春风拂过，轻轻柔柔，一派和煦，让人沉醉入迷。

　　爱情不是传说，是生活，需要两个人用心去体验、去感觉，才能酿造出美丽的幸福。有一对小夫妻原本感情很好，但妻子生完孩子之后，他们便开始了分床而居的生活。白天工作已经很辛苦了，晚上还要照顾小孩子，渐渐地他们两个人之间的话越来越少。"我有个郑重的要求。"妻子首先意识到了他们之间潜伏着的危机，一天，她突然对丈夫说。"你有什么要求？这么郑重其事的样子。"丈夫漫不经心地问。"每天抱我一分钟，好吗？"丈夫看了妻子一眼，笑着说："都老夫老妻的了，有这个必要吗？""我提出了这个要求，就说明十分有必要。你发出了这样的疑问，就证明更有必要。"妻子坚持着说。

　　"情在心里，何必表达。"丈夫回答道。"当初你要是不表达，我们就不可能结婚。"妻子有点不满地说道。"当初是当初，现在不是更深沉了吗？"丈夫解释说。"不表达未必就是深沉，表达了未必就是矫饰。"妻子仍然坚持。两人终于你一句我一句地吵了起来，最后，为了能早点平息这场战争，上床休息，丈夫妥协了。

　　他走到床边，抱了妻子一分钟，笑道："你这个虚荣的家伙！""每个女人都会对爱情虚荣。"她说。此后每一天，他都会抽个时间抱她一会儿，有时是一分钟，有时是 10 分钟，有时甚至更长。渐渐地，两人的关系充满了一种新的和谐。在每天拥抱的时候，虽然两人常常什么话也不说，但是这种沉默与以前未拥抱时的沉默在情感上却有着天壤之别。终于有一天，妻子要去外地长期进修。临上火车前，她对丈夫说："你现在终于暂时获得解放了。""我会想抱你的。"丈夫笑道。果然，她到学院的第二天就接到了丈夫的电话，他异常温柔地说："我想念那一分钟的拥抱了。"顿时，妻子的眼睛里涌出了幸福的泪水。的确，对于相爱的男女来说，在激情飞扬的碰撞之后，婚姻就会质朴得如同一位村姑。人们常常以"平平淡淡才是真"为借口，逃避对长久拥有的那份感情的麻木和粗糙，却不明白，如果我们用心去经营、用心去表达，那在我们掌心和胸口的爱情怎么会变得越来越冷呢？

其实，很多时候爱情一直存在于我们的身边，只是生活的平淡让我们渐渐遗忘了它的存在。爱得久了，疲劳了，倦怠了，以为生活中只有单调和无味。

那你就错了，耀眼的烟花很美，可那瞬间的绽放之后，就不再留存任何开放的痕迹。平淡之中的况味才值得细细体味。因为那才是生活真实的滋味。

悟语

无需羡慕别人爱的持久，如果你能安于平淡，在点滴中品尝生活的真味，你也可以爱得持久。

第八章 / chapter 8

悟宽悟严

宽严有度则可自在安乐

佛陀说:"能安忍之人,以安忍庄严其身,遇事皆能忍,安忍又为勤勉之人,所必有之行持。又修行之人,亦仗安忍之力,为自己之力,因安忍一事,能带来大福大乐。"

请你选择宽恕

没有人不会犯错，而知道自己犯了错的人最希望得到别人的宽恕和谅解。假如别人希望在自己犯错之后求得你的谅解，你是否能够给他一次改过的机会？这同时也是你选择做一个宽容的人还是做一个苛刻的人的机会。

释迦在世时，弟子中出了一名叛徒。这个背叛者是释迦的堂兄弟提婆。

提婆妒忌释迦的名声，屡次设计要伤害他都终告失败。释迦一次次宽恕了他，不过他这个人却恶劣成性，始终不改。有一次，尼僧法施谆谆告诫他，却惹得他凶性大发，杀死了法施。

然而，一重又一重的恶行积压下来，终使提婆不堪良心的谴责而病倒了。病床上的提婆每天都过得极其忧烦痛苦，非常希望有什么方法能减轻身心上的折磨。于是他拖着病体，乘了一顶舆轿到释迦那儿去，想要向他忏悔自己的罪过。

然而当舆轿一着地，大地就刮起了一阵大风，而提婆也就活生生地被打入阿鼻地狱去了。

释迦的一名弟子见状非常不忍，就对释迦说："我想救救提婆。"

释迦说："很好，可是有一点要注意，你要以正心说教，让他彻底改过。因为要让恶人幡然悔悟，实比在枯木上雕刻还难。"

这名弟子即刻赶往提婆那儿。只见提婆正痛苦地挣扎着，提婆见了他，就哀求他说："我的痛苦就好像被铁轮碾碎了身子，被铁杵痛捣身体，被黑象践踏，把脸投向火山一样，请快来救我！"

弟子答："赶快皈依我佛吧！如此就可以得救。"

说完，所有的痛苦都化为乌有，提婆也痛悔不已，自心底深深悔改。

释迦用宽广的心胸原谅了提婆的过错，包容了他的无礼，这就是宽恕！人们犯错是一件很平常的事情，而用宽容的心对待别人的冒犯却是一种超常。

佛陀常常告诫弟子们，"比丘常带三分呆"，就是要弟子们大智若愚，凡事不要太计较，即使遭到了别人的无礼冒犯也要宽恕他们，因为宽恕别人，也是升华自己。

宽恕，是一种净化。当我们手捧鲜花送给他人时，首先闻到花香的是我们自己；而当我们抓起泥巴想抛向他人时，首先弄脏的就是我们自己的手。

宽恕别人并不困难，但也不容易，关键要看我们的心灵是如何选择的。

美国前总统林肯，少年时期曾在一家杂货店打工。有一次，一位顾客的钱包被另一位顾客拿走了，丢了钱包的顾客认为钱是在店中丢的，所以杂货店应当负责，便与林肯发生了争执。而杂货店的老板却为此开除了林肯，老板说："我必须开除你，因为你令顾客对我们店的服务很不满意，因此我们将失去许多生意，我们应该学会宽恕顾客的错误，顾客就是我们的上帝。"

林肯一直都不接受这位顾客的无理，也没办法原谅老板的不通情理，但是很多年以后，做了总统后的林肯却意味深长地说，"我应该感谢杂货店的老板，是他让我明白了宽恕是多么的重要。"

宽恕别人，就是善待自己。仇恨只能让我们的心灵永远生存在黑暗之中；而宽恕，却能让我们的心灵获得自由、获得解脱。

其实，宽恕别人的过错，得益最大的是我们自己。曾有这样一个案例，荷兰的一所著名大学的研究人员组织了一批志愿者做了一项有关"宽恕"的实验。

志愿者们被要求想象他们被人伤害了感情，并反复"回忆"被伤害时的情景。研究人员发现，此时的志愿者在身体上和精神上的压力同时加大，伴随着血压升高，他们心跳加快、出汗、面部表情扭曲。之后，研究人员又要求他们停止想自己被别人伤害的事情，虽然没有刚才的生理反应大，但是某些生理症状却依旧存在。最后，志愿者被要求想象已经原谅了自己的"假想敌"，这时，志愿者感到身心放松并且非常的愉快。

这样，研究人员得出结论：宽恕别人，并不意味着为犯错的人找借口，而是将目光集中在他们好的方面，从而把自己从痛苦中拯救出来。这正应了那句话：不要拿别人的错误来惩罚自己。

佛陀说："对愤怒的人，以愤怒还牙，是一件不应该的事。对愤怒的人，不以愤怒还牙的人，将可得到两个胜利：知道他人的愤怒，而以正念镇静自己的人，不但能胜于自己，也能胜于他人。"

这就是宽恕的力量。

选择对别人的宽恕就是选择了爱护自己。

有容乃大

盘珪禅师是一代名师，教育出很多高超的僧才。一次，他收了一位由于家里无法管教而希望借由佛法的熏陶使之改过向善的坏孩子当徒弟。没想到这孩子到了寺庙，依旧我行我素，时常偷寺中的古董去典当花用。弟子们怕影响寺庙的声誉，立刻向盘珪禅师报告。过了几天，禅师却没有表示有处理之意，而那孩子依旧无恶不作。弟子们实在看不过去了，便再次向禅师要求马上开除这个孩子，否则的话，他们将立即集体离开这个寺庙。这时，盘珪禅师闭着眼睛安详地说："如果你们一定要离开这里，那么我不为难你们，请离开吧！"弟子中有人大感意外地问："您为什么不开除那为非作歹的坏孩子，而要牺牲我们呢？"禅师睁开眼睛说："你们在我这儿修行已有数年，稍有见地，就是离开这里，也可以外出自立门户；倘若这孩子被我们开除了，那他将无处安身。"弟子们恍然大悟，了解了师父的用心，羞愧之余，立即向师父道歉。

禅师以一颗宽容善良的心感动了弟子们，也教育了弟子们，向弟子们展示了一代禅师的宽广胸怀。

常言道：金无足赤，人无完人。一个人的一生中不可能没有失误，也不可能不犯错误，能容人之错，使之有改过之机，则可谓贤者。因为贤德，所以会有许多人跟从他。世间万物，有容乃大，一个人有容人之量，则可成就大业。

以本田宗一郎来说吧，他不仅是一位著名的企业家，而且还是一位不断完善自己和周围人的德行之人。他通过实施一套独特而又恰当的管理方法，激发了职员们不怕失败，敢于向自我挑战的勇气。1954年4月，宗一郎将自己亲自制定的《我公司之人事方针》发表在公司的报纸上，公开表示要关心职工，并和他们交朋友，聆听他们的意见，让职工拥有充分的自由，有和干部辩论的权利……

1959年，宗一郎开始了迈向世界的第一步，创办了"美国本田技研工业公司"。川岛被任命为公司的负责人，时年39岁，还有两名年轻的助手分别为小林隆幸和山岸昭之。对川岛一行的这次出征，本田公司的领导层内担心者不在少数。但宗一郎对川岛等深信不疑。然而，川岛一行出师不利，在头6个月的时间里，收效甚微，仅仅售出200台摩托车，且未收到货款。

宗一郎得悉这一消息后，并没有对川岛等人严厉斥责，而是提示他们了解美国摩托车市场的交易规律，还有美国居民的消费心理，改变营销策略，继续开展业务。到了1961年年底，本田公司在美国已拥有500家销售点，进军美国市场已初见成效。

给年轻人提供施展才能的机会，不怕他首战失利，也不怕暂时的利益亏损，重要的是激发他的潜能，运用他的聪明才智，为企业发展注入新鲜活力，是本田宗一郎一贯的用人思想。与那些只重眼前利益、唯恐亏损的经营者相比，宗一郎的做法充分展现了一个企业家的宽阔胸怀和容人之量。这就是本田公司能够发展壮大的原因之一。

对于部下或同事的失误，不能抓住不放、小题大做、四处宣扬，而要以诚感人，"爱语"纠错。当他人遭受失败时，如果不假思索地进行呵斥，只会激起失误者的逆反心理，不利于事业的发展。聪明的做法是用柔和之词去启发劝导他修正错误。如此，失误者才会心悦诚服地接受你的批评，并心存感激。

中国荔枝大王——农民企业家叶钦海在创办农场初期，就显示出了他在用人方面的超常胆略和智慧。他认为，企业要有活力，要有发展，最重要的是在于人才管理，而非资金与规模。在管理上，他实行责、权、利挂钩，对于有才能的人，就要大胆使用，不要怕他犯错误，只要敢于承担责任，就说明他是以主人翁的态度对待企业的。

有一个分场场长在清理草坪时，事先没有掌握天气的情况，见当时没有起风，就让人点燃了草坪。可没过多久，天气突变，刮起了大风，火势顺着风力迅速蔓延到一旁的荔枝苗。这位分场场长见状，迅速组织人力扑救，但还是烧死了上百株荔枝苗。事后，叶钦海认为分场场长并不是主观放火，并在扑火行动中表现得英勇顽强，因此，在事故分析会上，叶钦海没有责备他，只是要求他吸取教训，在今后的工作中凡事多加考虑，慎重行事。这位场长深受感动，在以后的工作中，热情更高，成了叶钦海的一名得力助手。

微软副总裁杰夫·拜克斯有一段不寻常的经历。1984 年，微软试算表软件上市后被反馈有重大瑕疵，当时还是产品部门经理的杰夫硬着头皮去见比尔·盖茨，建议将上市产品全数收回，并诚恳表示愿意承担一切责任。盖茨告诉他："今天你让公司损失了 2500 万美元，我只希望你明天表现得好一点。"盖茨认为，一旦犯了错误，切实检讨的实质意义要比追究处罚大得多，因为"如果轻易解雇了犯错的人，也就等于否定了这个教训的价值"。

同样，诺基亚总裁奥利拉也有一句类似的名言，这就是"过失导致发展"。他一直把失败看做接受教育，几乎没有因此而辞退过任何一名员工。他的理由是，如果员工总有失业的压力，总是心存恐惧，就不会产生创新意识。而只有鼓励创新的企业文化才是公司不断进步的动力源泉。

人无完人，不能苛求完美。用人时要扬人之长，避人之短；对有过失的人，哪些能用，哪些不能用，要因人而异，不可一概而论，更不能求全责备，以短盖长。

生活中，对人同样如此。也只有这样，才能让许多有才能、有个性的人团结在你的周围，助你成就你的事业。

悟语

一个人不做事就不会犯错。犯了错是因为他做了。容忍这种做事但犯了错的人，你将得到他对你全身心的付出。

不要在小事上计较

一天，一个失意的青年走在崎岖不平的山路上，发现脚边有个袋子似的东西很碍脚，心情郁闷的他狠踢了那东西一下，没想到那东西不但没被踢破，反而膨胀起来，并成倍地扩大着。青年恼羞成怒，拿起一根碗口粗的木棍砸它，那东西竟然胀到把路堵住了。

正在这时，佛祖从山中走出来，对青年说："小伙子，别动它。它叫仇恨袋，你不犯它，它就小如当初；你侵犯它，它就膨胀起来，与你对抗到底。忘了它，离它远去吧！"

生活中总是有一些人心胸不够开阔，一点点小事就足以让他们心烦意乱。当别人无意中惹到他们时，他们总是抱着"以牙还牙，以眼还眼"的决心，摆出一副寸土必争的姿态去面对生活中一些鸡毛蒜皮的小事。他们做人的方式就是半点亏不吃，但实际上往往是这种人容易吃大亏。

公交车上总是会有那么多人，从来就没有空的时候，这日莎燕下班回家，在公司门前的那个站牌等公车。千等万等，终于来了一辆。

哇！公车里好多的人，黑压压的。莎燕努力地向上挤，终于挤上了车。但挤车时一不小心，踩了旁边的胖大嫂一脚。胖大嫂的大嗓门叫开了："踩什么踩，你瞎了眼了？"莎燕本还想道歉来着，但一听这话面子上挂不住了，"就踩你了，怎么着？"

于是，两个女人的好戏开演了。双方互相谩骂，恶语相加。随着火气的升级，两人竟然动起了手，胖大嫂先给了莎燕一下，莎燕也立即以牙还牙，两手都上去了，在胖大嫂脸上乱抓一通。还是边上的好心人把两人拉了开来。

莎燕的指甲长，抓破了胖大嫂的脸，而她却没怎么受伤。想到这里，莎燕不禁得意起来。

终于回到了家，一进家门莎燕便向老公倒起了苦水。不过她倒认为自己没吃亏，反倒把那恶妇抓破了脸，所以，讲到这里一脸的灿烂，这时老公看了她一下，惊奇地问道，你右耳朵上的那个金耳坠呢？莎燕一摸耳朵，耳坠早已不见了……

我们经常以为"以牙还牙"就是让自己不吃亏，事实上，这是一种小肚鸡肠的表现。总以为别人占自己一分便宜，自己就要想尽办法占三分回来，否则自己就是吃了大亏，但是事实真的就像我们想象的那么单纯吗？

战国时，梁国与楚国相邻。两国夙有敌意，在边境上各设界亭（哨所）。两边的亭卒在各自的地界里都种了西瓜。梁国的亭卒勤劳，锄草浇水，瓜秧长势很好；楚国的亭卒懒惰，不锄不浇，瓜秧又瘦又弱。

人比人，气死人。楚亭的人觉得失了面子，在一天晚上，乘月黑风高，偷跑过去把梁亭的瓜秧全都扯断。梁亭的人第二天发现后，非常气愤，报告给县令宋就，说要以牙还牙，也过去把他们的瓜秧扯断！

宋就说："他们这种行为当然不对。别人不对，我们再跟着学就更不对，那样未免太狭隘、太小气了。你们照我的吩咐去做，从今天开始，每晚去给他们的瓜秧浇水，让他们的瓜秧也长得好。而且，这样做一定不要让他们知道。"

梁亭的人听后觉得有理，就照办了。

楚亭的人发现自己的瓜秧长势一天比一天好起来，仔细观察，发现每天早上地都被人浇过，而且是梁亭的人在夜里悄悄为他们浇的。

楚国的县令听到亭卒的报告后，感到十分惭愧又十分敬佩，于是上报楚王。楚王深感梁国人修睦边邻的诚心，特备重礼送梁王以示歉意。结果这一对敌国成了友好邻邦。

"以眼还眼，以牙还牙"，看起来矛盾的双方是势均力敌，谁都不吃亏，但当你真的以这种方式去办事时，你会发现你可能解了一时之气，但不能得到大多数人的认可和好评。所以，你的行为事实上在告诉别人你是一个肚量狭小的人，那么还有谁敢靠近你？反之，以德报怨，不仅可以使那些对你不敬的人心生惭愧，同时还可以告诉别人你的胸怀和气度是他人无法企及的，那么你会在不知不觉中吸引许多有德之人。这才是吃小亏，赚大便宜的上上之策。不要做那种斤斤计较的傻事。对你没有任何好处。

悟语

在小事上计较就等于在大事上糊涂，所以，计较的结果还是自己吃亏。

严于律己，宽以待人

谁都想自己在为人处世方面能够做得比较周全，有一个相对轻松和谐的环境，与别人友好地相处，那么宽以待人是不可缺的。我国古来就有"君子宽以待人，严于律己"的处世方法。

所谓宽以待人，就是指对他人的要求不可过分，不强求于人，而是以宽容为怀，能让人时且让人，能容人处且容人。

太阳还未升起前，庙前山门外凝满露珠的春草里，跪着一个人："师傅，请原谅我。"

他是城中最风流的浪子，十年前，却是庙里的小和尚，极得方丈宠爱。方丈将其毕生所学全数传授，希望他能成为出色的佛门弟子。但他却在一夜间动了凡心，偷下山门，五光十色的都市迷乱了他的双眼。从此花街柳巷，他只管放浪形骸。

夜夜都是春，却夜夜不是春。十年后的一个深夜，他陡然惊醒，窗外月色如水，澄明清澈地洒在他的掌心。他忽然深深忏悔，披衣而起，快马加鞭赶往寺里。

"师傅，你肯饶恕我，再收我做弟子吗？"

方丈痛恨他的辜负，也深深厌恶他的放荡，只是摇头："不，你罪孽深重，必堕阿鼻地狱。要想佛祖饶恕，除非……"方丈信手一指供桌，"连桌子也会开花。"

浪子失望地离开。第二天早上，当方丈踏进佛堂的时候，惊呆了：一夜之间，供桌上开满鲜艳的花朵，红的、白的，每一朵都芳香逼人。

方丈在瞬间大彻大悟。他连忙下山寻找浪子，却已经来不及了，心灰意冷的浪子又恢复了他原来的荒唐生活。而供桌上开出的那些花朵，也只开放了短短的一天。

生活中，没有人能做到万无一失，中国有句古话叫做"浪子回头金不换"。既然别人给了你一个显示大度能容的机会，你就要去伸手接纳他。佛陀不会嫌弃一个犯了错而知悔改的人。假如我们总是揪住别人的缺点去评三论四，而不从自己身上找缺点，那么，我们便不是一个理智、聪明的人。因为，聪明人往往是那种严于律己、宽以待人的人。

宽以待人是一个道德水平较高的表现。古谚说："有容，德乃大。"

你希望别人善待自己，首先就要善待别人，要将心比心，多给人一些关怀、尊重和理解；对别人的缺点要善意指出，不能幸灾乐祸；对别人的危难应尽力相助，不应袖手旁观，落井下石。即使是自己人生得意马蹄疾时，也不能得意忘形，居功自傲，而是应多想想别人对自己的帮助和恩惠，让三分功给别人。人总是喜欢和宽容厚道的人交朋友的，正所谓"宽则得众"。宽以待人还要求我们"己欲立而立人，己欲达而达人"。自己要站得住，同时也使别人站得住，自己要事事行得通，同时也使别人事事行得通。

《论语·颜渊》又说："君子成人之美，不成人之恶，小人反是。"在一定意义上，成人之美也是成己之美，即使对有错误的人也不要嫌弃，应给人提供改过的宽松条件，原谅别人的过失，帮助别人改正错误。正所谓与人方便，自己方便。当然，我们讲宽以待人，也不是说一味地姑息，否则就会失去宽厚的本意，正所谓"过宽杀人"。没有度的宽只是麻木怯懦，明哲保身，更是纵容丑恶。"有一种人，以姑息匪人市宽厚名，有一种人，以至举细数市精明名，皆偏也。圣人之宽厚，使人有所恃。圣人之精明，不使人无所容。"也就是说，用无原则宽容恶人去换取自己的宽厚名声，或列举别人琐碎小事换取自己精明的名声，都是失之偏颇。圣人的宽容程度是不使小人有所倚持，也不使他人无处容身。这也是我们所应把握的度。对恶人无原则的宽容无异于助纣为虐，是对善良人们的残忍，孔夫子说："唯仁者能好人，能恶人。"朱熹也讲："血气之怒不可有，义理之怒不可无。"我们在懂得宽以待人的同时，也应懂得疾恶如仇，捍卫正义。只有做到当宽则宽，当严则严。抑恶扬善，才是真正的宽以待人。

宽以待人，正是以宽广的胸怀，宽容的气度创造宽松的人际环境，大度豁达难容之事，使别人敬重和倾慕你的人品，并使你具有强大的人格魅力，特别是在竞争激烈的今天，宽以待人会使人人都喜欢与你交往，所以，宽以待人是入世的一个重要原则。

≈ 悟语

聪明人求自己，糊涂人求别人。

第九章 / Chapter 9

悟善悟恶

永为善事，永为善人

佛陀说："非身是名大身。"讲大身（大我）来
自非身（非我）。要想修成金刚不坏之身，成
就万世基业，就要把自己交给众人，这样才
能完善自我，引领众生。

勿以恶小而为之

佛教一直倡导信众和世人要"诸恶莫作，众善奉行"。不管是小的过错，还是小的罪恶，但凡是负面的言行都不要让它面世。三国时刘备在白帝城临终托孤时，仍不忘谆谆告诫刘禅："勿以善小而不为，勿以恶小而为之。"刘备一世枭雄，留下的名言不多，唯有这句话流传千古，而且给后人永久的启示：奉劝人们不要因为某个坏习惯不起眼就不重视，这句话看似比较浅显，但却蕴含着很深的哲理。它告诉我们要在日常生活中的细节上加强道德修养，以免因小失大。

白居易为官时曾去拜访鸟窠道林禅师，他看见禅师端坐在鹊巢边，于是说："禅师住在树上，太危险了！"

禅师回答说："太守，你的处境才非常危险！"

白居易听了不以为然地说："下官是当朝要员，有什么危险呢？"

禅师说："薪火相交，纵性不停，怎能说不危险呢？"意思是说官场浮沉，钩心斗角，危险就在眼前。

白居易似乎有些领悟，转个话题又问道："如何是佛法大意？"

禅师回答道："诸恶莫作，众善奉行。"

白居易听了，以为禅师会开示自己深奥的道理，没想到只是如此平常的话，便失望地说：

"这是三岁孩儿也知道的道理呀！"

禅师说："三岁孩儿虽道得，八十老翁却行不得。"

白居易被禅师一语惊醒。

"勿以善小而不为，勿以恶小而为之。"谁都知道这个道理，但能够做到的人却很少。

佛说："愚昧之人，其实亦知善业与恶业之分别，但时时以为是小恶，做之无害，却不知时时做之，积久亦成大恶。犹水之一小滴，滴下瓶中，久之，瓶亦因此一滴一滴之水而满。故虽小恶，亦不可做之，做之，则有恶满之日。"

有个非常有名的故事，名叫"象牙筷子"，也非常有意思。商纣王刚登上王位时，让工匠用象牙为他制作筷子，他的叔父箕子十分担忧。因为他认为，一旦使用了稀有昂贵的象牙做筷子，与之相配套的杯盘碗盏就会换成用犀牛角、美玉石打磨出的精美器皿。餐具一旦换成了象牙筷子和玉石盘碗，你就千方百计地享用牛、象、豹之类的胎儿等山珍美味了。在尽情享受美味佳肴之时，你一定不会再去穿粗布缝制的衣裳，住在低矮潮湿的茅屋下，而必然会换成一套又一套的绫罗绸缎，并且住进高堂广厦之中。

箕子害怕演变下去，必定会带来一个悲惨的结局。所以，他从纣王一开始制作象牙筷子起，就感到莫名的恐惧。事情的发展果然不出箕子所料。仅仅只过了 5 年光景，纣王就穷奢极欲、荒淫无度地度日。他的王宫内，挂满了各种各样的兽肉，多得像一片肉林；厨房内添置了专门用来烤肉的铜烙；后园内酿酒后剩下的酒糟堆积如山，而盛放美酒的酒

125

池竟大得可以划船。纣王的腐败行径害苦了老百姓，更将一个国家搞得乌七八糟，最后终于被周武王剿灭而亡。

古人说"千里之堤，溃于蚁穴"，如果对小的贪欲不能及时自觉并且有效地修正，终将因为无底的私欲酿成灾难，小则身败名裂，大则招致亡国。我们要时常依照好的准则来检点自身的言行和思想，从善如流，否则等出现不良后果再深深痛悔时已太晚！

中国有个成语叫做"防微杜渐"，意思是在不良事物刚露头时就加以防止，杜绝其发展。这个成语的出处是有个典故的。东汉和帝即位后，窦太后专权。她的哥哥窦宪官居大将军，任用窦家兄弟为文武大臣，掌握着国家的军政大权。看到这种现象，许多大臣心里很着急，都为汉室江山捏了把汗。大臣丁鸿就是其中的一个。丁鸿很有学问，对经书极有研究，窦太后的专权令他十分气愤，决心为国除掉这一祸根。几年后，天象发生日食，丁鸿就借这个当时认为不祥的征兆，上书皇帝，指出窦家权势对于国家的危害，建议迅速改变这种局面。和帝本来早已有这种感觉和打算，于是迅速罢了窦宪的官，窦宪和他的兄弟们因此而自杀。

丁鸿在给和帝的上书中，说皇帝如果亲手整顿政治，应在事故开始萌芽时候就注意防止，这样才可以消除隐患，使得国家能够长治久安。

人之善恶不分轻重。一点善是善，只要做了，就能给人以温暖。一点恶是恶，只要做了，也能给人以损害。而最重要的是对自己的道德品质的影响。所以，生活中的我们须谨言慎行。从一点一滴之间要求自己，做到为善。只有这样，我们才不至于在人生的沟沟坎坎中马失前蹄，断送我们本该拥有的美好前途。

善恶因心起，为小善可以养心，为小恶则可以损心。

爱这世间一切生命

佛界悲悯一切生命，珍爱一切生命，这是佛界所讲的大善。所以，佛教是绝对禁止杀生的。可是，人作为万物之灵长，却似乎并不愿承认佛教的这一戒律。而且总是以自己所占的优势去践踏和摧残那些无辜的生命。

一座山上住着一位很有智慧的和尚，山下的村里有什么疑难问题，村民们都上山来向他请教。

村民们常说没有任何事情能难住老人家。

有一个聪明又调皮的孩子想故意为难那位和尚，他捉住了一只小鸟，握在手中，跑去问和尚："大和尚，听说您是最有智慧的人，但我却不相信。假如您能猜出我手中的鸟是活的还是死的，我就相信了。"

和尚注视着小孩子狡黠的眼睛，心中有数。假如自己回答小鸟是活的，小孩会暗中加劲把小鸟掐死；假如回答小鸟是死的，小孩定会张开双手让小鸟飞走。

和尚于是拍拍小孩的肩膀说："这只小鸟的死活，就全看你的了。"

看看这个孩子吧。一个小孩就可以决定一只小鸟的生死。人类是否应该重新审视一下自己的天性和良知？人类为了自己的生存，遵循物竞天择、弱肉强食的生存规则是无可厚非的，否则，我们就只能自取灭亡。但我们绝不能因为自己是万物之灵长就可以像那个小孩一样任意将其他的生命握在手中，用我们的意志去决定它们的生死。因为那是一种罪，一种恶，而且是大恶。

佛说："众生皆怕刑害，自己亦怕刑害；众生皆怕死，自己亦怕死。人若能以此心，念自己之怕而想及其他众生之怕，则自己必不杀生，亦不教令人杀生。"

1960年，饥饿不堪的人们围了两个山头，要把这个范围的猴子赶尽杀绝，不为别的，就为了肚子，零星的野猪、麂子已经解决不了问题，饥肠辘辘的山民把目光转向了一群群的猴子。两座山的树木几乎全被伐光，最终一千多人将三群猴子围困在一个不大的山包上。猴子的四周没有了树木，被黑压压的人群层层包围，插翅难逃。双方在对峙，那是一场心理的较量。猴群不动声色地在有限的林子里躲藏着，人在四周安营扎寨，还时不时地敲击响器，大声呐喊，不给猴群以歇息机会。三日以后，猴群已经精疲力竭，准备冒死突围，人也做好了准备，开始收网进攻。于是，小小的林子里展开了激战，猴的老弱妇孺开始向中间靠拢，以求存活；人的老弱妇孺在外围呐喊，造出声势，青壮年人进行厮杀，彼此都拼出全部力气浴血奋战，说到底都是为了活命。战斗整整进行了一个白天，黄昏的时候，林子里渐渐平息了下来，无数的死猴被收集在一起，各生产队按人头进行分配。

那天，有两个老猎人没有参加分配，他们俩为了追击一只母猴来到被砍伐后的秃山坡上。母猴怀里紧紧抱着自己的崽儿，匆忙地沿着荒瘠的山岭逃窜。两个老猎人拿着猎枪穷追不舍，他们是有经验的猎人，知道抱着两个崽儿的母猴跑不了多远。于是他们分头包抄，和母猴绕圈子，消耗它的体力。母猴慌不择路，最终爬上了空地上一棵孤零零的小树。这棵树太小了，几乎禁不住猴子的重量，绝对是砍伐者的疏忽，他根本没把它看成一棵树。上了树的母猴再无路可逃，它绝望地望着追赶到跟前的猎人，却更坚定地搂住了它的崽儿。

绝佳的角度，绝佳的时机，两个猎人同时举起了枪。正要扣扳机，他们看到母猴突然做了一个手势，两人一愣，分散了注意力，就在犹疑间，只见母猴将背上的、怀中的小崽儿，一同搂在胸前，喂它们吃奶。两个小东西大约是不饿，吃了几口便不吃了。这时，母猴将它们搁在更高的树杈上，自己上上下下摘了许多树叶，将奶水一滴滴挤在叶子上，搁在小猴能够够到的地方。做完了这些事，母猴缓缓地转过身，面对着猎人，用前爪捂住了眼睛——母猴的意思很明确：现在可以开枪了……

母猴的背后映衬着落日的余晖，一片凄艳的晚霞和群山的剪影在暮色中摇曳，两只小猴天真无邪地在树梢上嬉戏，全不知危险近在眼前。

猎人的枪放下了，永远地放下了……

人权往前推演一步，就是动物权，就是承认众生平等，承认动物也有其生存和发展的权利。于是，人本主义被质疑，人权受到挑战。凭什么以人为中心，以人的意志和利益来规定这个世界的秩序？凭什么以人的无节制的欲望，来剥夺动物生存和发展的权利？

在世俗社会中，关于杀生的伦理原则，应该是把需求量降到最低，把猎杀量降到最低。不是绝对禁止杀生，而是尽可能减少杀生。尽可能减少杀生，不仅是为了"可持续发展"，使我们明天还有生可杀，而且是基于"众生平等"的伦理，认识到杀生就是作恶。为了我们人类的生存和健康，我们不得不杀生。那是我们不得不做的必要的恶。或者说，必要的作恶不算作恶。或者说，理性的作恶恶中有善。

是的，理性的作恶，恶中有善！因为并不是每一粒生命的种子都有发育的权利，并不是每一个生命的个体都有继续生长和繁衍的权利。如果每一粒鱼卵都不受伤害地发育成鱼，不出几代，整个地球水域就会变得拥挤不堪，最终成为一切水生生物的坟场。如果每一枚鸡蛋都不受伤害地孵化成鸡，如此蛋生鸡、鸡生蛋，不出十年，地球上的所有空间就只剩下了鸡，进而成为鸡的墓地……所以，杀生是恶行，也未尝不是善举。

对于人类，对于世俗社会，其伦理原则当为：可以杀生，但不要超出你自己的生存需求，不要危及被食用者的物种生存，不要赶尽杀绝，不要暴殄天物，不要无端地残害生命，也不要为满足自己那点好奇心或小情趣，就去囚禁生命，包括动物园囚禁众多珍禽异兽和市井人家囚禁一只相思鸟的行为。

上天有好生之德。以己之心体谅动物之心，爱这世间的一切生命，是我们为人的大善。

悟语

怜悯生命，尊重规律，以德扬善，造福于人。

常行忏悔

在日常生活中，我们在有意无意之间不知做错了多少事情，说错了多少言语，动过多少妄念，只是我们没有觉察罢了。所谓"不怕无明起，只怕觉照迟"，这种从内心觉照反省的功夫就是忏悔。忏悔在生活中有什么作用呢？它能帮助我们什么？第一，忏悔是认识错误的良心。第二，忏悔是去恶向善的方法。第三，忏悔是净化身心的力量。

佛界有这样一个故事。

悟明与悟静一同听道。禅师正讲"不杀生"的戒律，坐在悟静身边的一个魁伟的大汉悄悄对悟静说："我是一名刽子手，我知道我罪恶深重，想改恶从善。我能修道吗？"

悟静重重地点了一下头，道："能！"

在回家的路上，悟明责怪悟静，说："你为什么骗那个刽子手？他杀了那么多人，明明要受到报应入地狱的！"

悟静反问："你能成佛吗？"

悟明想了想，道："应该可以。"

悟静问："你每天喝水吗？"

悟明有些茫然，但还是回答说："当然。"

"你知道一口水中有多少生灵吗？"

"佛说，一口水有八万四千条生灵。"

"它们杀过人吗？"

"没有。"

"它们抢过钱财吗？"

"没有。"

"它们打劫放火吗？"

"没有。"

"那么你每天随意残杀无辜生灵尚能成佛，他如何不能修道呢？"

人无忏悔之心便无药可医，佛说："人有时因无知而犯罪，或因愤恨，或因误会而犯罪。事后，自知无理，来求忏悔谢罪，此人确是难得，有上德行，但受者反不肯接受其忏悔，必欲报复。如果是这样的话，那么犯罪者已无罪，而不接受忏悔者，反成为积集怨结之人。"

平时我们的衣服脏了，穿在身上非常不舒服，把它洗干净再穿，觉得神清气爽；身体有了污垢也要沐浴，沐浴以后，浑身上下舒服自在；茶杯污秽了，要用清水洗净，才能再装茶水；家里尘埃遍布，也要打扫清洁，住在里面才会心旷神怡。这些外在的环境器物和身体肮脏了，我们知道拂拭清洗，但是我们内在的心染污时，又应该怎样去处理呢？

当我们的心受到染污的时候，要用清净忏悔的净水来洗涤，才能使心地没有污秽邪见，使人生有意义。

在日常衣食住行的生活中，有了忏悔的心情，就能得到恬淡快乐。好像穿衣时，想到"慈母手中线，游子身上衣"的古训，想到一针一线都是慈母辛苦编织成的，那密密爱心多么令人感激！这样一想一忏悔，布衣粗服不如别人美衣华服的怨气就消除了。吃饭时，想到"一粥一饭来之不易"，粒粒米饭都是农夫汗水耕耘，我们何德何能，岂可不好好珍惜盘中餐？惭愧忏悔的心一生，蔬食淡饭的委屈也容易平息了。住房子，看到别人住华厦美宅，心生羡慕，要想想"金角落，银角落，不及自家的穷角落"，便觉得有一间陋室可以栖身，可以居住，那总要比多少流落街头，躲在屋檐下避风雨的人好得多了，忏悔心一发，自然住得安心舒适了。出门行路，看到别人轿车迎送，风驰电掣好不风光，但想到别人得到这些，不知要熬过多少折磨，吃过多少苦楚，是心血耕耘得来的，而自己还努力得不够，功夫下得不深，自然应该安步当车，这样，也就洒脱自在了。

一念忏悔，使我们原本有所缺憾的生活，突然时时风光，处处自在，变得丰足无忧了，这就是能够常行忏悔的好处。

　　忏悔是我们生活里时刻不可缺少的一种言行。忏悔像法水一样，可以洗净我们的罪业；忏悔像船筏一样，可以运载我们到解脱的彼岸；忏悔像药草一样，可以医治我们的烦恼百病；忏悔像明灯一样，可以照亮我们的无明黑暗；忏悔像城墙一样，可以保护我们的身心六根。《菜根谭》里说："盖世功德，抵不了一个矜字；弥天罪过，当不了一个悔字。"犯了错而知道忏悔，再重的过错也就有了改正的开端。

　　佛经上说"菩萨畏因，众生畏果"。菩萨和众生的差别，在于菩萨能高瞻远瞩，眼光看得远大，不会迷惑于一时的贪欲，造作万劫难复的恶因；而众生短视浅见，只看到刀锋上甜美的蜜汁，却全然不顾森寒锐利的锋刃。等到蜜汁尝到了，舌头也割破了的时候，已经种下无尽的恶因，结成无法弥补的苦果，后悔莫及了。人生短暂，我们应早向圣贤看齐，趁着年轻力壮的时候勤奋开垦，创造自己光明而美满的人生。

　　忏悔是重新认识和评价自我、重新更迭和安顿自我的一种非常重要的途径。忏悔的意思是"承认错误"，但是承认错误之后，还要负起责任，准备接受这个错误所带来的一切后果，这才是忏悔的功能。

　　根据佛经，忏悔有三种方法：第一是对自己的良心忏悔；第二是对我们所亏欠的人忏悔；第三则是当众忏悔。在当下承认错误的同时，对自己负责，也对他人负责。

　　其实在我们一生之中，无意间对不起的人有很多很多，他很可能就是我们的父母、兄弟姊妹等最亲近的亲人；我们伤他们的心，让他们受苦受难，而自己并不知道，甚至有时候让人家受苦受难，心中还在幸灾乐祸，说："活该！希望他再苦一点，这样才能发泄我心中的不满。"有这样的向恶心理，都应该要忏悔。如果我们平常能够天天忏悔的话，我们的身心行为就会越来越清净。

悟语

忏悔，知己之恶而改之，然后可成善因。

一视同仁度世人

佛法要求禅师度化众生，为众生解除苦难，是没有什么分别心的。

无分别心的佛性中，能发起真实的菩提心，也才能产生真正的慈悲心。

只度善的，和只想看好的、只想听好的一样，只是事物的一面，而不包括另一面，所以是不完整的，是执着心。

曾经有这样一个故事：

有一位年轻和尚不论晴天或风雨天，不论早晨或黄昏，总是默默地站在大树下托钵化缘。尽管路口霓虹闪烁，车马喧嚣，他总是紧闭双目，纹丝不动地伫立着，他的神态与毅力，深深地令人折服。

树下常有两三个蓬头垢面、敝衣褴褛的小孩在追逐嬉戏。有一次，两个小孩竟公然窃取和尚钵里的缘金，而和尚却视若无睹。

其实，小孩的偷窃行为并非"偶然"，而是一种"习惯"。和尚的缘金竟成了他们固定的一种收入。

几天后，那位和尚仍然默默地站在那儿化缘，但旁边多了两位小沙弥。原来竟是那两位偷窃缘金的小孩。

儒家讲求"有教无类"；刑法追求"有期徒刑"；佛教则主张"普度众生"。与其惩治恶徒，不如以善缘感化。

因为善恶只不过是因缘的变化而已，没有永远的善，也没有永远的恶，这些都是不长久的，都是会变化的。

佛法扬善弃恶，却不执着，若想达到真正的慈悲，就需要一视同仁。

要想得到心灵的真实解脱，就要了解不分别善恶的这个佛性。

了解了以后，善要度，恶也要度。任何"认定"对方恶的念头已经是对对方不利了，所以也是对自己的不利。人类的争斗，有很多就是因此而起。就像武侠小说中，名门正派也出邪人邪事，旁门左道中亦有正大光明。

善恶都是相对立而起的，是不断变化的，在禅者眼里只不过是世人空幻的名相罢了。他那里只讲众生平等，不论贤愚。

不要妄加指责谁恶谁愚。在佛性中造出的一切念头，所产生的果报都得自己承受。

那种旁人"业力大业力小"的议论既不见容于社会其他人群，也是违背了佛法本意的邪行邪语。

佛说："如果有人对我们做坏事、说坏话，我们亦同样对他做坏事、说坏话，结果双方都是坏人；所以要用好的方法、好的行为、好的话去对待他，自然会叫他心服，别的人亦称赞我们。"

世间人是冤冤相报，佛法是以德报怨，你以怨对我，我以德对你。冤冤相报是凡夫，是造轮回业。真正觉悟之人，对于毁谤、侮辱、陷害他的人，甚至于要杀害他的人，都没有丝毫怨恨心，反而更加慈悲地去爱护他、帮助他、救度他。感化一个人，就等于度化了一个人。

过去，有一位国王带领许多妃嫔、宫女到郊外游戏打猎。途中，国王追逐野兔走远了，妃嫔们于是在树林中等候。

妃嫔们看到一位修道者正在林中沉思，于是向他请教。国王回来之后，责备她们与陌生人说话。

"我不过是指导她们学习忍辱的精神而已。"修道人安详地回答。

"哈哈！你自命为忍辱的人吗？我倒要试试你的忍辱修养。"说着，他挥剑将修道者的手臂斩断。

"现在，你该愤恨了吧！"国王得意地说。

修道者虽然痛苦，仍然和缓地看着他，回答："我不愤恨。怀恨只有冤冤相报。将来我成道后，一定要来度化你，以了结这段业缘。"

慈悲心在他的神态中表露无遗。国王感动极了，跪在地上，深深忏悔。

这位忍辱仙人，正是释迦牟尼佛的前生。

佛法中的一视同仁度化世人的原则在这个故事中得到了极其明了的说明。无论恶人还是善人。他们的心始终会有柔软的那一部分。只要你不抛弃那个恶人，你终会感化他向善。

悟语

对恶人以善相待，胜于对其严惩。

第十章 /Chapter 10

悟得悟失

怀一颗平常心对待得失利害

佛陀说:"应无所住。"就是要我们去掉执着心,不要执着于某个目标,不要为求一点,而失掉一面。因为你只有一个,而目标却可以是很多个。

舍与得

舍，在佛家看来，就是对一切事物不起一点儿憎爱执着，并且能够不断地付出、不断地给予。

很久以前，有一座大香山，山里长着无数的荜茇树、胡椒树以及其他各种药草。荜茇树上常常栖息着一种鸟，名叫"我所鸟"。

每年春天药果成熟时，许多人便来到这里采摘药果，用这些药果治病，这时我所鸟总是悲伤地叫唤着："这果是我所有啊！你们不要采摘！我心里真不愿意谁来采摘啊！"

它虽然这样叫喊，但人们还是照旧采摘，一点也不理会它的哭嚎。这鸟命薄，忧伤地叫呀叫的，声声不绝，最后终于因为过度哀伤而死。

故佛有一偈曰：人执我所有，悭贪不能舍；纵以是生护，亦为无常夺。

"我所有"就是我所有的房屋、眷属、家产，这些身外之物可以利用它来维持我们的生命；而修行人所需要的仅是菜饭饱、布衣暖足矣，如贪求无厌，吝惜不舍，一旦失落，难免会像我所鸟那样哀叫而死。

有一天，佛祖见路边地下埋有黄金，就对弟子说"下有毒蛇"。佛祖走后，有个人不信，去挖土，挖出很多黄金来，一时暴富，被人告发。

国王责怪他没有缴公，就判了他的罪，所以佛祖说黄金就是毒蛇。

佛祖还说人所有财物为五家所有，哪五家呢？为水所漂、为火所烧、为贼所盗、为子所败、为官府所抄。其实婆娑世界里的一切，都不是用来拥有的，而是用来舍的，一个人舍下一切则是真正的壮大，无牵无挂；一个人拥有一切便是沉沦苦痛的深渊。学会舍弃，免于物欲的奔逐、事物的执迷，才能获得人生的自在与豁达。

在巴勒斯坦有两个湖，这两个湖给人的感觉是完全不一样的。其中一个湖名叫加里勒亚湖，水质清澈洁净，可供人们饮用，湖里面各种生物和平相处，鱼儿游来游去，清晰可见，四周是绿色的田野与园圃，人们都喜欢在湖边筑屋而居。

另一个湖叫死海，水质的含碱度居于世界之最，湖里没有鱼儿的游动，湖边也是寸草不生，了无生气，景象一片荒凉，没有人愿意住在附近，因为它周围的空气都让人感到窒息。

有趣的是，这两个湖的水源，是来自同一条河的河水。所不同的是：一个湖既接受也付出，而另一个湖在接受之后，只保留，不懂得舍却原来的水。

让河流动，方得一池清水，这是流水不腐的道理。舍而后得，这是人生的道理。

"舍得"一词，是佛家语，是禅境语。本意是讲万丈红尘扑朔迷离，人生在世总会有获得有舍却。舍与得互为因果，往与复本来是自如的，如果领略其中奥意，自然可以打破分别之心。佛无分别心，无分别心，即无烦恼挂碍，心境圆融通达，万象归于一乘，人生有限之生命就会融入无限的大智慧中。

舍与得的问题，多少有点哲学的意味。舍得、舍得，先有舍才有得，不舍不得，小舍小得，大舍大得，舍即是得。舍是得的基础，将欲取之，必先予之，因而人生最大的问题不是获得，而是舍弃，无舍尽得谓之贪。贪者，万恶之首也。领悟了舍得之道，对于做人做事都有莫大的益处。做人，应该抛弃贪婪、虚伪、浮华、自私，力求真诚、善良、平和、大气。做事，应该有所为有所不为。

生活本来就是舍与得的世界，我们在选择中走向成熟。做学问要有取舍，做生意要有取舍，爱情要有取舍，婚姻也要有取舍，实现人生价值更要有取舍……正如孟子所说："鱼，我所欲也；熊掌，亦我所欲也。二者不可兼得，舍鱼而取熊掌者也。"人生即是如此，有所舍而有所得，在舍与得之间蕴藏着不同的机会，就看你如何抉择。倘若因一时贪婪而不肯放手，结果只会被迫全部舍去，这无异于作茧自缚，而且错过的将是人生最美好的时光，即使最后能获得什么，那也是一种得不偿失！何苦来哉？

悟语

舍与得之间的抉择是一种生活的艺术，亦是一种人生哲学。是否舍得就看你的慧量是多少了。

生活的两面

俗话说"万事有得必有失"，得与失就像小舟的两只桨，马车的两

140

只轮，得失只在一瞬间。失去春天的葱绿，却能够得到丰硕的金秋；失去青春岁月，却能使我们走进成熟的人生……失去，本是一种痛苦，但也是一种幸福，因为失去的同时也在获得。

所以得到与失去、追求与放弃，是现实生活中再平常不过的事情了，我们应该以一种平常、豁达的心态去看待。

一位大财主名叫提婆，为人刻薄、爱财如命，不但多方聚敛，就是连一件极小的公益都不肯去做。家中虽藏有 8 万余两黄金，日常生活却过得和穷人一样，人们非常的讨厌他。他一死，没有子孙来继承，依照法律，财产全归国有，这下子人心大快，也不免议论纷纷。

波斯王深感疑惑，就去请教佛陀："佛陀！像提婆这样悭吝的人，为什么今生会这么富有呢？"

佛陀微笑道："大王！这是业报，是有前因的。提婆在过去世中曾供养过一位辟支佛，种了不少善根，所以得到了多生多世的福报，今生的富贵是他最后一次的余福了。"

波斯王又追问道："他今生虽未行善事，但也未造恶业，在他生死相续的来生，能不能也像今生一样的大富呢？"

佛陀摇摇头说："不可能了！他的余福已经享尽，而今生又没有布施种福，来生绝对不可能再享受福报了。"

《因果经》有一首偈这样说道："富贵贫穷各有由，夙缘分是莫强求。未曾下得春时种，坐守荒田望有秋。"其实，人世间的事，无论好坏、善恶、得失、有无，都有其因果关系，没有任何一件事可以脱离因果法则的。同样是人，为什么有人贫贱，有人富贵呢？这是因为有的人好吃懒做，悭吝不舍，整日游手好闲，不事生产，自然坐吃山空；有的人辛勤劳作，乐善好施，懂得广结善缘，自然生财有道。

在佛门里称布施为"种福田"，只要有播种，必然会有结果，但是何时才能收获，就有待因缘成熟了。悭贪之人应该知道喜舍结缘乃是发财顺利之因，不播种，怎有收成？而且布施应在不自苦、不自恼的情形下为之，否则就是不净之施，不是真心惠人！

总之，能舍才能得啊！

有舍有得，舍与得是生活的两面。得到了这一面，就必然会舍去另一面。正如福祸相倚一样。世界上有许多人因为各种原因失去了他们本该拥有的，也得到了别人无法得到的。

1880 年，海伦·凯勒出生于美国亚拉巴马州的一个小镇，她从小聪明过人，但在 19 个月的时候，一场暴病残酷地夺去了她视、听、说的全部能力。后来她在家庭教师莎莉文小姐的帮助下，靠着日复一日、年复一年的奋力拼搏，不但学会了读书、写作、说话，而且上了大学，并最终克服常人无法想象的困难，成为一位举世瞩目的大作家，著有《我生活的故事》等共 14 部作品，许多国家授予了她荣誉学位和勋章。她的著作不仅被译成了布莱叶盲文，而且还译成了其他各种语言在全世界出版发行，她的事迹不但鼓舞了全球的残疾人，而且也鼓舞着无数健全的人。透过她那传奇的人生经历，人们对她身上那坚强的品质钦佩不已，这个双目失明的聋哑人，战胜三重残疾而创造了人生辉煌的传奇般经历，激励着一代又一代的人去为美好的明天而努力，去寻找自己在困境中更辉煌的生存方式。

海伦是不幸的。但因为这种不幸，使得她更渴望得到一种承认。所以，可以说苦难给了她不幸，同时也教给了她微笑面对生活让自己创造奇迹的勇气。相对于海伦而言，我们多数人是幸运的，而我们没有做出太大的成就是因为我们大多数人都存在着心理惰性。当然，也不是说因为有了类似海伦的经历就是好的。而是说这个世界其实一直都在遵循着能量守恒定律。生活让你失去了一部分，就必然会在另一部分中给你补偿。

有一个 10 岁的小男孩在一次车祸中失去了左臂，但是他很想学柔道。最终，小男孩拜一位日本柔道大师为师，开始学习柔道。他学得不错，可是练了 3 个月，师傅只教了他一招，小男孩有点弄不懂了。

一天，他终于忍不住问师傅："我是不是应该再学些其他招法？"师傅回答说："不，你只需要会这一招就够了。"小男孩并不是很明白，但他很相信师傅，于是就继续照着师傅教的练了下去。

几个月后，师傅第一次带小男孩去参加比赛。小男孩自己都没有想到居然轻轻松松地赢了前两轮。第三轮稍稍有点艰难，但对手还是很快就变得有些急躁，连连进攻，小男孩敏捷地施展出自己的那一招，又赢了。就这样，小男孩迷迷糊糊地进入了决赛。

决赛的对手比小男孩高大、强壮许多，也更有经验。关键时刻，小男孩显得有点招架不住了。裁判担心小男孩会受伤，就叫了暂停，还打算就此终止比赛，然而师傅不答应，坚持说："继续下去！"

比赛重新开始后，对手放松了戒备，小男孩立刻使出他的那招，制服了对手，最终获得了冠军。

在回家的路上，小男孩和师傅一起回顾每场比赛的每一个细节，小男孩鼓起勇气道出了心里的疑问："师傅，我怎么能仅凭一招就赢得了冠军？"

师傅答道："有两个原因：第一，你几乎完全掌握了柔道中最难的一招；第二，据我所知，对付这一招唯一的办法是对手抓住你的左臂。"

生活就是这样，有时缺陷可以变成优势。所以，当你拥有缺陷时，不要为此忧伤，因为生活本来就有它的两面性。谁都无法逃离这个规则。

悟语

生活总在遵循能量守恒定律，阴雨过后必定会有阳光明媚的日子。

不要太固执

命运有时喜欢和我们开玩笑，当我们固执地下注，认为自己一定能赢时，结果却可能是一无所获。所以，就当我们来这世间只是一次旅行吧。把心放宽松一点，不要太固执，否则你只会让自己走上绝路。

佛印曾坐在船上与苏东坡把酒话禅，突然闻听："有人落水了！"

佛印马上跳入水中，把人救上岸来。被救的原来是一位少妇。

佛印问："你年纪轻轻，为什么要寻短见呢？"

"我刚结婚三年，丈夫就遗弃了我，孩子也死了。你说我活着还有什么意思？"

佛印又问："三年前你是怎么过的？"

少妇的眼睛一亮：

"那时我无忧无虑、自由自在。"

"那时你有丈夫和孩子吗？"

"当然没有。"

"那你不过是被命运送回到了三年前。现在你又可以无忧无虑、自由自在了。"

少妇揉揉眼睛，恍如一梦。她想了想便走了。以后再也没有寻过短见。

很显然，那位妇女要寻短见是因为她固执地认为丈夫与孩子是她生命的全部，是她固执于这些，所以才在失去时选择自杀。但三年前，她没有这些时，她不是一样活得很快乐吗？所以，许多人、许多物其实都是可有可无的。该放弃时就不要固执地紧抓不放。

虽说我们一直以来就提倡做任何事情都必须有坚毅的品格和坚强的意志，应该具有锲而不舍的精神，但是，当我们在具体实施时，还是应当进退有度，不拘一格，这样才会适合时宜，才符合社会和自然千变万化的意志，也只有如此才能够做到大得小失，失而复得。

佛家云："苦海无边，回头是岸。"在很多时候，放弃是一种解脱，放弃是一种量力而行，明知得不到的东西，何必苦苦相求，明知做不到的事，何必硬撑着去做呢？拿着鸡蛋去碰石头，不是自取灭亡吗！

王倩今年31岁，专科毕业后，在一家建筑设计院工作。当初毕业前她来这家设计院实习时，由于勤奋踏实，表现不错，所以尽管设计院当时已经超编，但是院长还是顶着压力聘用了她。由于当时编制所限，只能安排她做资料员，但是院领导多次找她谈话，暗示她这只是暂时的，希望她不要有压力，要多钻研业务，院里缺的是设计精英，根本不缺资料员，只要她能表现出自己的实力，一有机会就马上将她调出资料室。

可是王倩却不这么看，她觉得自己之所以受到"冷遇"，所谓的编制问题只不过是一个借口而已，其实是别人觉得她文凭太低，于是她从一开始当资料员那天起，就厌烦这个工作，因为这离她的理想太远，她想做设计工程师，可是她设计的几个工程，无一例外地都被否定了。她很虚荣，总想在设计院出人头地，看走业务这条路不行，她就想在学历上高人一头，于是一心想考研究生，甚至还规划好了研究生读完再读博士。

　　可是现实与理想之间毕竟是有着很大差距的，由于底子太差，王倩连续考了三年都没有考上研究生，于是院领导就找她谈话，想鼓励她多钻研点业务，拿出过硬的设计方案来，争取将来能转为设计师。实际上，设计院当时已经有了一个专业设计人员名额，院领导对她真可谓是用心良苦了。但是她权衡来权衡去，觉得还是应该先把硕士学位拿下来再搞业务比较好。她觉得，反正自己已经是设计院的人了，搞专业什么时候都可以，就算再来新人也得在她后面吧，否则自己的专科文凭将使自己在设计院永远抬不起头来。

　　但是她错了，设计院本来就是一个萝卜一个坑，每个人都要能踢能打，长期放着这么个不出彩的人，不但同事怨声载道，领导也开始着急了。就在这时，来了一个实习生，设计出来的方案很有新意，院领导犹豫再三，最后还是把这个实习生要来了。

　　按理说，如果王倩此时及时醒悟还是来得及的，但是这时候，她正专心致志地沉浸在她的那些英文单词里，她甚至和同事说，她学英语好像开窍了。那时她的确非常刻苦，走到哪里，都戴着耳机，还经常把自己锁在资料室里，谁敲门也不开，别人找资料，只能打电话给她。

终于有一天，院长非常客气地找她谈话，委婉地表示：设计院虽然有很多人，但每个人在各自领域中都必须具有自己的贡献值和不可替代性，可是她却一点也没有，没有人能长久容忍一个出工不出力的人，所以她从现在起待岗了。

在这种竞争激烈的环境下，王倩为自己不切实际的"志"付出了巨大代价，她曾是那样的喜欢设计院，喜欢这个职业，别人也给了她这个机会。但不幸的是，她没有把它做好。她的失误就在于她没有及时放弃自己的"理想"，而是固执地"一条道走到黑"。

放弃需要明智，该得时你便得，该失时你要果断地放弃。生活是复杂的，生命不仅仅是一种存在，它还是一个不断变化、发展的过程，生活的艺术就在于要懂得有所为有所不为的道理，知道何时应该紧紧抓住机会，而何时又该放手。

可是生活中的我们总喜欢给自己加上负荷，轻易不肯放下，自诩为"执着"，我们执着于名与利，执着于一份痛苦的爱，执着于幻想的美梦，执着于空想的追求。数年光阴逝去之后，才嗟叹人生的无为与空虚。

这是一种固执的失败人生，不足取，不足留。人生苦短，在有限的生命里，只有踏实地拥有才是真的活过。

悟语

不要为一滴水拼掉所有的力气，不要为一朵花舍弃满园的春色。

何必盯着成功不放

成功是我们一生追求的目标，可是在人生路上，衡量成功还是失败绝非只有结果这个唯一的标准，而且我们还应该考虑一下，我们为盯着这个"成功"付出了怎样的代价，是得大于失，还是失大于得。

一位天文学家每天晚上都外出观察星象。

一天晚上，他在市郊慢慢前行时，不小心掉进一口枯井里。他大声呼救。

正巧一个过路的和尚听见了，急忙赶过来救他。和尚看见天文学家的狼狈样，不禁感叹道："施主，你只顾探索天上的奥秘，怎么连眼前的普通事物也视而不见了？"

那位天文学家却说："对于我而言，探索到天上的奥秘是我的梦想，也标志着我人生的成功。"和尚只有无奈地摇头。

对成功的定义，应该说是仁者见仁，智者见智。有的人认为腰缠万贯才是成功，可是财富却往往与幸福无关。纽约康奈尔大学的经济学教授罗伯特·弗兰克说：虽然财富可以带给人幸福感，但并不代表财富越多人越快乐。一旦人的基本生存需求得到基本满足后，每一元钱的增加对快乐本身都不再具有任何特别意义，换句话说，到了这个阶段，金钱就无法换算成幸福和快乐了。

如果一个人在拼命追逐金钱的过程中，忽略了亲情，失去了友谊，也放弃了对生命其他美好方面的享受，到最后即便成了亿万富翁，不也难以摆脱孤独和迷惘的纠缠吗？所以并非金钱决定了我们的愿望和需求，而是我们的愿望和需求决定了金钱和地位对我们的意义。你比陶渊明富足一千倍又怎么样，你能得到他那份"采菊东篱下，悠然见南山"的怡然吗？

在美国新泽西州，有一位叫莫莉的著名兽医劝告人们向动物学习。她拿鸟做例子说："鸟懂得享受生命。即使最忙碌的鸟儿也会经常停在树枝上唱歌。当然，这可能是雄鸟在求偶或雌鸟在应和，不过，我相信它们大部分时间是为了生命的存在和活着的喜悦而欢唱。"

可是作为万物之灵长的人类，在对待生命的态度上却未必能有这种豁达，有的人穷其一生，都无法达到这样的境界。有的人认为，得到了金钱就得到了幸福，这是多么可笑的想法！可见，他们并不知道金钱和幸福是没有必然联系的。有了金钱，并不一定就会有幸福，反而因为金钱而引发不幸的事例倒是比比皆是。

还有的人认为只有拥有了盛名，才意味着成功。殊不知，功名利禄不过是过眼烟云，生命的辉煌恰恰隐藏在平凡生活的点滴之中。也有的人认为权倾一时就是成功，更有的人认为出类拔萃才是成功，平庸就意味着失败，其实并不然，哥伦比亚大学的政治学教授亚力克斯·迈克罗斯发现，那些脚踏实地、实事求是的人往往比那些好高骛远的人快乐得多。

其实谁也不至于活得一无是处，谁也不能活得了无遗憾。一个人不必太在乎自己的平凡，平凡可以使生命更加真实；一个人不必太在乎未来会如何，只要我们努力，未来一定不会让我们失望；一个人不必太在乎别人如何看自己，只要自己堂堂正正，别人一定会对我们尊重；一个人不必太在乎得失，人生本来就是在得失间徘徊往复的。

一个人要想生活得快乐，就要学会根据自己的实际情况来调整奋斗目标，适当抑制心底的欲望。不要因为自己才质平庸而闷闷不乐，生活中，智慧与快乐并无联系，反倒是"聪明反被聪明误"、"傻人有傻福"的例子俯拾皆是。

很多人年轻的时候无忧无虑地生活，虽然没有钱，没有名，没有地位，但是他们真的很快乐，什么都不用想，只做自己喜欢做的事情，可是当他们开始追求人人向往的传说能带给他们幸福快乐的各种东西之后，却渐渐地发现自己不得不放弃那些他们喜欢做的事情了，而他们得到的却并没有给他们带来多少快乐，带来的反而是负担，压得他们无法追求别的东西，压得他们无法轻松地面对自己真正的梦想。这时他们往往会痛苦不堪地一遍一遍地问自己："为什么得到的都是我不想要的，而我想要的却总是得不到？"

人生是公平的，你要活得随意些，或许就只能活得平凡些；你要活得辉煌些，或许就只能活得辛苦些；你要活得长久些，或许就只能活得简单些。

悟语

成功无确切定义，重要的是你内心是否认为自己成功。

第十一章 / chapter 11

悟清悟浊

糊涂地活着比清醒时更快乐

有的事不明白就不会牵肠挂肚，就会少一分烦恼，佛陀说："一切万法不离自性。"就是说人不可自寻烦恼，世人说我痴，我就痴给世人看。

难得糊涂

佛陀说："一切众生即非众生。"这个世界上有太多的人和事你永远都管不完看不清。所以，清醒的时候就难免心烦意乱，不得安宁，还是糊涂一点更快乐。

曾国藩从小立志要成为圣人，但才能有限，别人都飞黄腾达了，他还屈居乡里。一天他闷闷不乐地散步到郊外，看见一座破庙，就信步走入。

破庙中，一个老僧正拥炉看书，看得津津有味。

曾国藩忍不住上前，想看清那是一本什么书值得老僧这样看。

但就在他刚瞟到书名的那一瞬间，那老僧竟然把书扔进了炉子里。

曾国藩吃了一惊，待在那里。老僧哈哈大笑，随后进屋睡觉，再不理人。

这件事给曾国藩留下深刻印象。很多年后他向李鸿章说起，问李鸿章是否明白疯僧的用意。

李鸿章聪明绝顶，但偏偏不说，假装苦思冥想不得其解，谦虚地说："学生实不知，还是请老师为我解惑吧。"

曾国藩微微叹息道："疯僧烧书之举，意在点醒我。"

"哦？"

"那时我什么都想弄明白，其实什么都弄不明白，疯僧此举看似疯狂，其实用意颇深。他在告诉我：很多事情是永远看不清的，但看不清就看不清，并无大碍。你只管做你自己的事就可以了。"

曾国藩这话看似简单，其实是从佛学里悟出了很深的道理。曾国藩灭太平天国后，为朝廷所忌，又被天津教案搞得名声很臭，开始时他不能搞清楚为什么自己会变成这样了，但这时他已看清这一切都很必然，这一切也并不重要。因此他终于彻底放弃功名进取，以善人而善终，可谓有福。

人生本就是一场戏，看清了，也就释然了。郑板桥的那四个字"难得糊涂"包含着人生最清醒的智慧和禅机，只可惜有一部分人悟不透，大部分人做不到，所以，终日郁郁寡欢，忙碌不堪，事事要争个明白，处处要求个清楚，结果才发现因为太清醒了、太清楚了反倒失去了该有的快乐和幸福，留给自己的也就只剩下清醒之后的创痛。难得糊涂，糊涂难得。留一半清醒留一半醉，才能在平静之中体味这人生的酸、甜、苦、辣。古人说："水至清则无鱼，人至察则无徒。"水太清澈了，鱼儿们无法藏身，也无法找到可以维持生存的食物，当然只有另寻可以生存的水域。人活得太清楚，要求太苛刻，也就没有了朋友。因为所有的人都有这样那样的缺点。你紧抓着这些不放，当然没有人敢接近你。做事也是如此，有时你只需睁一只眼，闭一只眼就可以了。把事做绝了，做得太清楚了只能让人害怕你的苛刻，讨厌你的精细和繁琐。所以，当你再次要求别人去做事时，别人当然是能避则避，能推则推，这时的你也许还会觉得别人不够义气，却不知是因为你活得太过清醒，要求得太过严格了。

所以，人何必活得那么清醒，自己太累，别人也不舒服。

只有糊涂一点，人才会舒服，才会冷静，才会有大气度，才会有宽容之心，才能平静地看待世间这纷纷乱乱的喧嚣，尔虞我诈的争斗；才能超功利，拔世俗，善待世间的一切，才能居闹市而有一颗宁静之心，待人宽容为上，处世从容自如。

有了"糊涂"这种大智慧，你就会感到"天在内，人在外"，天人合一，心灵自由，获得一种从未有过的解放。

凭着这颗自由的心，你再不会为物所累，为名所诱，为官所动，为色所惑。

悟语

糊涂才是清醒，才是聪明。

糊涂人最高明

有许多人表面看来聪明绝顶，整天指东道西，叽叽喳喳借以显示自己的聪明才智，实际上并不是聪明人，真正聪明的人不会用这种愚蠢的方法来证明自己，而是故意装愚。所以，有些人看起来一点都不聪明，却很可能是最高明的人。

宋代的大文豪苏东坡喜欢禅道。一次，他到金山寺和方外至交佛印禅师打坐参禅。参了一会儿，苏东坡觉得身心通畅，于是问佛印："禅师！你看我坐的样子怎么样？"

佛印答道："我看你好庄严，像一尊佛！"

苏东坡听了非常高兴。禅师接着问苏东坡："学士！你看我坐的姿势怎么样？"

苏东坡一听，马上嘲弄禅师说："真像一堆牛粪！"

佛印听了也很高兴。苏东坡见将禅师喻为牛粪，禅师竟无以为答，以为赢了佛印禅师，于是跟自己的妹妹苏小妹说："我今天赢了！"

苏小妹就问道："哥哥！你究竟是怎么赢了禅师的？"

苏东坡眉飞色舞地叙述了一遍。苏小妹天资超人，才华出众，她听了苏东坡得意的叙述之后，正色道："哥哥！你输了！禅师心中如佛，所以他看你如佛；而你心中像牛粪，所以你看禅师才像牛粪！"

苏东坡哑然，方知自己又输给了佛印禅师。

在这个故事中我们可以看出，自诩聪明的人不一定聪明，苏东坡尚且如此，何况你我！所以我们还是不要自作聪明的好。

阿根廷著名的足球运动员迪戈·马拉多纳在与英格兰球队相遇时，打进的第一球，是"颇有争议"的"问题球"。据说墨西哥一位记者曾拍下"用手拍人"的镜头。

当记者问马拉多纳，那个球是手球还是头球时，马拉多纳机敏地回答说："手球一半是迪戈的，头球有一半是马拉多纳的。"马拉多纳的回答颇具心计，倘若他直言不讳地承认"确系如此"，那么对裁判的有效裁决无疑是"恩将仇报"。但如果不承认，又有失"世界最佳球员"的风度。而这妙不可言的"一半"与"一半"，等于既承认了球是手臂撞入的，颇有"明人不做暗事"的大将气概，又在规则上肯定了裁判的权威，亦具有了君子风度。

这一箭三雕的效果有几人可以做到？而又有谁能否定他的机智？

莎士比亚在其著作《第十二夜》中，让主人公说出了这样一句话："因为他很聪明，才能装出糊涂人来。彻底成为糊涂人，要有足够的智慧。"特殊场景中的假装糊涂其实是一种机智的应变。

在交往中，往往由于对方提出的问题比较敏感，或者涉及某种"隐私"不好回答，然而，面对询问者又不能不答，那些高明人就会用假装糊涂的方式来给以回答。

其实，这样的例子在外交场合也常常碰到。如上世纪 60 年代初期，我国曾准确地击落过一架入侵我国的美制 U-2 高空侦察机，在一次引人关注的记者招待会上，曾有一位外国记者就此询问陈毅外长："请问外长先生，你们是用何种武器击落如此先进的高空侦察机的？"显然，这是军事秘密，不能公开回答，但如不回答又会使提问者尴尬，陈毅就势举了举自己手中的拐杖，说："就是用这玩意儿捅下来的。"说着还做了个往上捅的动作。自然，此举赢得了一阵热烈的掌声。

生活中还有一种高明便是变音调的运用。如玩笑中有人说："我是你老子。"意思是我是你爸爸。而回答者则说："你是我老'子'呀。"他把"子"字的语音加重了。意思变为你是我的小儿子。因为在北方，小儿子、小姑娘有被称为"老姑娘、老儿子"的习惯，就像第一个儿子称为大儿子一样是一种习惯。所以不同语音形成了两种不同的、截然相反的概念。另外，还有一种用打岔的形式的，如：一个说："你好像个猪。"另一个回答："什么，我像你叔？"

其实不管闪烁其词也好，所答非所问也好，还是打岔串音也好，其目的都一样，就是避重就轻。但这几种方法的共性就一个，那就是假装糊涂。因为只有假装糊涂才能闪烁其词，只有假装糊涂才能所答非所问，同样也只有假装糊涂才能打岔，才能显现出你智谋的广博处事的高明。

悟语

不要低看了糊涂人，不要高看了聪明人。

智识点亮人生

佛说："无明，亦就是无知、不知。但是一般人都以为自己有知；所知很少，却以为很多；只知道一部分，却以为全部皆知。所以，每个人应该知道自己是给无明包围着的，应该寻求知，亦就是寻求'明'。"

应该说，人们最大的无知就是对世界和人生真相的无知，佛说"一般人，是给无明包围着的。"其实主要是指绝大多数人都无法看清世界和人生本相，只懂得关于世界和人生的一些皮毛知识，便觉得自己相当渊博了，便觉得可以应付生活了。其实这些人过得都是一种朦胧或糊涂的生活，因为对本相的无知是最大的无知、最大的无明。

要想消除无知，就得学习和修炼，这个世界上最重要的能力就是学习和修炼能力。只要很好地学习和修炼，你就能够获得各种你需要的知识、智慧和能力，取得进步。中国道家创始人老子就是一个像佛陀所说的孜孜不倦"寻求知，寻求明"，进而升华智慧，并最终洞悉了世界和人生真相的人。

老子堪称中国古代思想先哲第一人。老聃自幼聪慧，静思好学，常缠着家人要听国家兴衰、战争成败、祭祀占卜、观星测象之事。老夫人望子成龙，请了一位精通殷商礼乐的商容老先生教授孩子。商容通天文地理，博古今礼仪，深受老聃一家敬重。而老聃刻苦求学的精神也让商容吃惊和赞赏。

有一天，商容教授道："天地之间人为贵，众人之中王为本。"

老聃问道："天为何物？"先生道："天者，在上之清清者也。"

老聃又问："清清者又是何物？"

先生道："清清者，太空是也。""太空之上，又是何物？"先生道："太空之上，清之清者也。""之上又是何物？""清之清者之上，更为清清之清者也。"

老聃又问："清者穷尽处为何物？"

先生道："先贤未传，古籍未载，愚师不敢妄言。"

夜晚，老聃再以其疑惑问其母，母不能答；问其家中其他人，其他人也不能言。于是仰头观日月星辰，低首思天上之天为何物，彻夜不能寐。

又有一天，商先生教授道："君者，代天理世者也；民者，君之所御者也。君不行天意则废，民不顺君牧则罪，此乃治国之道也。"

老聃问道："民生非为君也，不顺君牧则其理可解。君生乃天之意也，君背天意是何道理？"先生道："神遣君代天理世。君生则如将在外也；将在外则君命有所不受。君出世则天意有所不领。"

老聃问道："神有变化之能，造物之功，何以不造听命之君乎？"先

158

生道："先圣未传，古籍未载，愚师不敢妄言。"

夜晚，老聃以其疑惑问其母，母不能答；再问家中其他人，其他人也不能言。于是求教相邑之士，踏遍相邑之土，遇雨不知湿，迎风不觉吹。

商老先生教授三年，来向老夫人辞行道："老夫识浅，聃儿思敏，三年而老夫之学授尽。今来辞行，不是老夫教授无终，也不是聃儿学习不勤奋。实乃老夫之学有尽。聃儿求之无穷，以有尽供无穷，是很困难的。聃儿是一个志远图宏的孩子，咱们相邑这个地方偏僻闭塞，若想使孩子更上层楼，需让他进入周都深造。周都，典籍如海，贤士如云，是天下的圣地，非入其内而难以成大器。"

老夫人闻听此言，心中犯难：一则聃儿年方十三，宋都尚且难返，去周都岂不如登九天？二则老氏只留此根，怎放心他孤身独行？

正犹豫不知怎么回答，不料先生已猜知其为难处，忙说："以实相告，老夫师兄为周太学博士，学识渊博，心胸旷达，爱才敬贤，以树人为生，以助贤为乐，以荐贤为任。家养神童数位，皆由民间选来。不要衣食供给，待之如亲生子女。博士闻老夫言，知聃儿好学善思，聪慧超常，久愿一见。近日有家仆数人路经此地，特致书老夫，意欲带聃儿去周。此乃千载难逢之良机，务望珍惜！"

老夫人听后，不禁悲喜交集。喜先生保荐，使聃儿有缘入周，登龙门有路；悲母子分别，何日能见？思至此，好似聃儿已在千里之外，不觉心酸难抑，潸然泪下。老聃扑入母亲怀中，泣言道："母亲无须伤心，聃儿决不负老师厚望，待我业成功就，定然早日来接母亲！"说罢，母子二人相抱而泣。

哭之良久，母子二人转悲为喜，拜谢先生举荐之恩。三天后，全家与商老先生送老聃至五里之外。老聃一一跪拜，上马随博士家仆西行而去。老夫人遥望聃儿身影远去，方才郁郁入车，闷闷返回。

老聃入周，拜见博士，入太学，天文、地理、人伦，无所不学，《诗》《书》《易》《历》《礼》《乐》无所不览，文物、典章、史书无所不习，三年而大有长进。博士又荐其入守藏室为吏。守藏室是周朝典籍收藏之所，集天下之文，收天下之书，汗牛充栋，无所不有。老聃身处其中，如蛟龙游入大海，海阔凭龙跃；如雄鹰展翅蓝天，天高任鸟飞。老聃如饥似渴，博览泛观，渐臻佳境，通礼乐之源，明道德之旨，三年后又迁任守藏室史，名闻遐迩，声播海内。

老聃居周日久，学问日深，声名日响。春秋时称学识渊博者为"子"，表示尊敬，因此，人们皆称老聃为"老子"。后来老子西行时著《道德经》，成为千古名著。

老子不愧是中国历史上真正看清世界和人生本相的第一人，而他的智慧之所以能达到如此高深的地步，全在于他那种苦学苦修的精神。我们来看这个"智"字，"日"有所"知"为"智"。智能是人生的导航，汲取知识是智能的开始，有了这种智能方能看清世事。

佛教认为：知识是一种世智辩聪，是向外求得的；智能是可以发掘的，是人人本具的佛性。在为学处事上，知识学问并不能解决问题，唯有心量开阔才能开发智能，唯有智能才能判断正邪、转迷为悟，才能真正洞悉世界和人生的真相，使人成为一个有"明"者。

悟语

智慧和知识可以让你的心看清眼睛看不到的事物。

160

于细处看清世人

你要看清世人就必须以敏锐的观察力与良好的判断力穿透对方表面的慎重与矜持。要测度他人，需要有极强的判断能力。这是人生中至关重要又微妙的事情。辨别金属可听其音，辨别人可听其言。言辞能透露人的品格，行为能透露人的东西则更多。在这方面欲有所获，需要极其小心谨慎、深刻的观察和鉴别能力。

古代，一位聪明的禅师有很多弟子，有一天，禅院的东西被偷了，所有的弟子都否认是自己偷的。为了弄清事实真相，禅师将弟子们召集到一起，发给每人一根同样长的木棍，说："你们把自己的木棍保管好，明天早上拿给我，偷东西的人的木棍会比别人的长出一寸来。"

偷东西的弟子怕被发现，夜里悄悄地把自己的木棍锯掉了一截。

第二天，大家把木棍都拿了出来，偷东西的弟子一看，只有自己的木棍比别人的短一截，于是他羞愧地哭了。

禅师利用了人的一个小特性就可以判断出真正的贼。这是禅师的聪明之处。俗界的众生同样可以以此为鉴，来看清世人的内心世界。

魏文侯手下有员将领叫乐羊。有一次乐羊领兵去攻打中山国。这时，恰恰乐羊的儿子正在中山国。中山国国王就把他儿子给煮了，还派人给乐羊送来一盆人肉汤。乐羊悲愤已极但并不气馁，毫不动摇，他竟然坐在帐幕下喝干了一杯用儿子的肉煮成的汤。

魏文侯知道后，对堵师赞夸奖乐羊说："乐羊为了我，吃下他亲生儿子的肉，可见，他对我是何等的忠诚啊！"堵师赞却回答说："一个人连自己儿子的肉都敢吃，那么，这世上还有谁他不敢吃呢？"

乐羊打败了中山国，胜利归来时，魏文侯奖赏了他的功劳。但是，从这开始，总是时时怀疑他对自己的忠心。

魏文侯这样做不无道理，乐羊的自制力过于吓人，非老谋深算之人不能为之。堵师赞的说法更有道理，因为一个人的行为可以以小见大，有着惊人的内在一致性。

依据此"行为内在一致性"原理，领导者可以用下面的办法鉴定某些言行的真正内涵：

（1）你可以发现，论断他人的人，往往有狡诈的心机，当邪恶压迫着一个人，对他来说，处理他人的过错，是较轻而易举的。就因为这样，那些说你活该的人，他的咒骂，等于是允许邪恶在他自身的存在。

（2）语言是人类沟通的工具，从一个人的言谈，就足以知悉他的心意与情绪，但是，若对方口是心非，就令人费猜了。这种人往往将意识里的冲动与欲望以及所处环境的刺激，修饰伪装后，以反语表达出来，令人摸不清实情。

例如，偶遇个性不投的朋友，往往会有社交辞令客套邀约："哎呀，哪天到舍下坐坐嘛！"其实心里的本意可能是："糟糕，又遇上了，赶紧开溜为妙！"这种与本意相反的行为，往往造成内心的不安与恐惧，为求自我安慰，于是一而再，再而三，因循成习。

（3）爱发牢骚是一种不能言传的骄傲和自大，不满意他人在某方面超越自己。如"拿手术刀的不如拿剃头刀的，搞导弹的不如卖茶叶蛋的"。这是典型的知识分子牢骚。发牢骚者大多自视清高，当现实中无法保持他们这种优越地位时，就借发牢骚来宣泄。

（4）恶意责备他人的人多半是想满足自己的支配欲望和自尊心。他们常爱抓住别人的毛病小题大做，横加指责，这种人对他人尖酸刻薄，自尊心较强，具有支配他人的欲望。

（5）说话好诉诸传统的人大多思想保守。这种人不管什么新事物一出现，都习惯用传统的东西作为评价标准。这类人多数是经验主义者，其思想保守、僵化，也表明了其顽固不化的心理。

（6）说话好看风使舵的人大多无原则性。在生活中，许多人说话时是以听话对象为导向的。他们自己没有一定的主见，完全是"看人下菜"。契诃夫称这种人为"变色龙"，他通过同名小说的主人公奥楚蔑洛夫画活了这种人看风使舵的嘴脸。这种人的真理没个准儿，如果有必要，他们可以朝令夕改，食言而肥。

（7）说话暧昧的人大多数喜欢迎合他人。这种人说同一句话既可作这样解释，又可做那样解释，含糊其词，这种人处世较为圆滑。

（8）经常对他人评头论足，论长道短，说明他嫉妒心重，心胸狭窄，人缘不好，心中孤独。如果他对诸如别人不跟他打招呼之类的小问题常耿耿于怀，说明他在自尊心上受挫，渴望得到别人的尊重。这种人常以领导的过失或无能为话题，则表明他自己有想出人头地，取而代之的愿望。

（9）有人在说话时极力避开某个话题，这说明他在这方面有隐衷，或者在这方面有强烈的欲望。比如当一个人的心中对金钱、权力或某异性怀强烈的欲望时，又很怕被别人识破，于是就故意避开这个话题以掩饰自己的真实用意。

（10）与你话家常多半是对方看不出你的真意。交谈时，对方先是与你谈一些家常话，这表示他想了解你的实力，侦知你的本意，试探你的态度，然后好转入正题。这种人是很有心机的谈话对手，值得好好对付。

知人者智，自知者明。要做一个智者，清楚地看清他人，就该学会见微知著。这样才不至于成为一个真正的傻瓜。

～ 悟语

真正可以暴露一个人内心世界的是一些微小的动作或短小的言辞。

第十二章 chapter 12

悟礼悟道

礼遇他人于己无害

佛陀说:"人于人群中,自未知他人,他人未自知,不应心自恃。"那些在人性上冷漠傲慢的人,很容易遭到突然的失败,而那些有礼有节、有爱心的人则可以得到人们加倍的尊敬和爱戴,并可因此获得持续不断的成功。

待人莫失谦恭

谦恭不是一种表面姿态，而是一个人内在品德和修养的高度表现。他不因学问广博而骄傲自大，也不因地位显赫而处优独尊，相反，谦恭者学问越深越能虚心谨慎，地位越高越能以礼待人。谦恭不是卑下，也不是软弱，更不是无能。谦恭是一种情韵，是一种境界，是一种气质。谦恭也是一种修养，那种脸上没文化、肚里无墨水的鲁夫莽汉是不会谦恭的。与谦恭者在一起，像领略风光旖旎的大自然，让你流连忘返；像喝陈年老酒，让你回味无穷；像诵读一首气韵十足的诗歌，让你掩卷长思。

而傲慢就不同了，傲慢表面上来自优越感，根源其实是愚蠢和基于愚蠢之上的偏见。事实上任何优越感都同样的愚蠢：富人对穷人有优越感，所谓读书人对学历文凭低于自己的人有优越感，居住在城市里的人对居住在乡下的人有优越感，混在国外的对没能混出来的人有优越感。大家司空见惯习以为常，但是所有这些优越感都是愚蠢，都是落后社会的产物。缺乏流动机会的社会容易产生人对人、人群对人群的优越感，但是一个崇尚平等、自由，提供充分的竞争和流动机会的社会则让所有

166

的优越感都成为狭隘者的聊以自慰。既然优越感是一种愚蠢，傲慢自然就是一种愚蠢，并且它还是一种对人群的仇视和敌意，是反社会的品行。

曾经有一位学识渊博的老禅师正和俗家弟子们聚在一起聊天。一位家境相当富有的弟子，趾高气扬地面向所有的同学炫耀：他家在郢都郊外的一个村镇旁拥有一望无边的肥沃土地。

当他口若悬河大肆吹嘘自己家的富有时，一直在其身旁不动声色的老禅师拿出了一张包括诸多国家在内的大地图，然后说："麻烦你指给我看看，我国在哪里？"

"这一大片全是。"学生指着地图扬扬得意地回答。

"很好！那么，郢都在哪里？"老禅师又问。

学生挪着手指在地图上将郢都找出来，但和整个国家相比，的确是太小了。

"那个村镇在哪儿？"老禅师又问。

"那个村镇，这就更小了，好像是在这儿。"学生指着地图上的一个小点说。

最后，老禅师看着他说："现在，请你再指给我看看，你家那块一望无边的肥沃土地在哪里？"

学生急得满头大汗，当然还是找不到。他家那块一望无边的肥沃土地在地图上连个影子也没有。他很尴尬且又深有感悟地回答道："对不起，我找不到！"

任何人所拥有的一切，与有大美而不言的天地相比，与浩瀚无际的宇宙相比，都不过沧海一粟，实在是微不足道。从历史的长河来看，不管我们拥有什么、拥有多少、拥有多久，都只不过是拥有极其渺小的瞬间。人誉我谦，又增一美；自夸自败，又增一毁。无论何时何地，我们都应保持一颗谦恭有礼的心。

曾经有一个老先知，他让自己的弟子到各地去修行，其中有一个弟子，在经过一番苦修后，练成了"在水面上行走"的绝技。

他好不得意，在其他弟子面前讲得眉飞色舞，并兴奋地问老先知："老师，我够厉害吧！大家是不是该向我多多学习呢？"

老先知一语不发，带着大家到河边叫了只船，领着众人一起坐着船渡到对岸。大家都不知道老先知要做什么，等到了对岸后，老先知问船家："要多少钱呢？"船家说："两块钱。"

这时，老先知微笑地对着那位心高气傲、不可一世的弟子说："年轻人，你引以为傲的新本事也不过就值两块钱而已嘛。"

那位弟子听了之后满脸羞红，从此以后更努力地培养自己的品德，几年之后，成了一位既谦虚又有能力的人。

谦恭，是许多有能力者所缺乏的美德，我们每个人可能都会拥有不同的才能，你拥有这些，不代表你就比别人高明，也绝不要看不起不会的人，因为你会这方面的东西，别人也必有你所不会的。比如在水面上行走本事不小吧，然而用故事里老先知的话来说，也不过值两块钱嘛！想一想，如果连"在水面上行走"都只值两块钱，我们平常所具有的那点才华又值多少钱呢？我们还有什么好骄傲的呢？所以，无论我们拥有怎样的才干，都不要心高气傲，不要觉得自己高人一等，不要觉得别人都该效法自己，不然，我们就成了"骄傲"的俘虏了！

我们通常所说的谦虚是：自知之明和谦恭。自知之明是智者的标志之一，太多的人由于没有自知之明而贻笑大方，但是自知之明直接的受益者是自己。所以，在这里我们更看重的是谦恭。谦恭跟傲慢一样是在人际互动中表现出来的，但其实质正好相反，谦恭是一种优良的品格。

谦恭首先因为具有自知之明，知道自己目前的地位和条件如果有优于别人之处，都是暂时的和相对的，如果不保持努力我们会朝向下的方向滑行，甚至前功尽弃；如果别人努力，很快能在这些方面超过自己。所以，任何人其实都是无以为荣的，因此我们没有理由对别人有任何的优越感。谦恭来自豁达，我们对别人谦恭的时候，可能助长了对方的骄傲甚至傲慢，所以如果没有豁达的理解，立即会互相刺激骄傲，所以豁达是保证对方毫无来由地骄傲起来的时候，依然保持你的谦恭的前提。谦恭来自同情，更确切地说是人文主义精神或者人道关怀倾向，在很多时候，如果对互动对象不是谦恭而是骄傲，就立即会把对方逼入一种丧失信心甚至手足无措的窘迫境地。在机构或组织里如果一个上司没有应有的谦恭，下级时时刻刻会如坐针毡，日常交往有很多情形其实很类似，尤其是相知不深的人。谦恭来自尊重，我们对人谦恭其实是表达一种承认，这是容易理解的，如果你不承认对方的平等地位，你会表现出傲慢和藐视。

　　如果你真的有力量，最好永远保持谦恭。面对一个目标，谦恭的人会承认自己还需要准备很多条件才能获得，于是他努力地去准备，结果他获得了那个目标。骄傲的人正好相反，不愿意承认自己没有能力获得，而把不屑于获得目标作为自欺欺人的借口，自然他们不会去努力准备条件，最终他们不可能获得成功。

悟语

　　谦恭者用言行证明自己的能力，自恃者用言行证明自己的无用。

以暖语对人

俗话说："良言一语三春暖，恶语一句六月寒。"一个人用什么样的态度、什么样的语言对人，是一个人有无修养与礼貌的标志。佛陀告诫众生说："美好的话，是老实话，和好尊敬的话，谦恭和悦的话，对各方有利益的话，对时间地方适合的话，对所说的事情亦合宜的话，使用的语句和声调亦都适合的话。这些话，自然一定会做出许多利益来的。"

按照佛陀的教诲我们在生活中若能以暖语对人，一方面可以显示出我们为人处世的修养与智慧，另一方面则可以让事情顺利完成。可见，有礼有节的语言智慧胜似千军万马之力。

一则寓言说：

太阳和北风比赛，看谁能让一个行路人脱掉衣服。北风刮起刺骨的寒风，企图刮掉人们身上的衣服，但人们却将衣服裹得越来越紧。太阳用柔和的阳光温暖人，天气渐渐暖和了。人们也就把衣服脱了。

说话的语气、态度以及措辞直接关系到你说话的效果，如果你在说话时态度和婉，语气平静，措辞恰当，就可以顺利收到让路人脱掉衣服的目的。反之，则只能让路人越来越裹紧衣服。

历史上很成功的一个说话的例子便是触龙说赵太后。

公元前266年，赵国的国君惠文王去世，他的儿子孝成王继承了王位。因当时孝成王还小，所以由太后执政。赵国正处于新旧交替之际，赵太后刚刚执政，国内动荡不安。当时的赵国，虽然有廉颇、蔺相如、平原君等人在支撑门面，但国势已大不如前。秦国认为有机可乘，便发兵东下，一举攻占了赵国的三座城池，赵国危在旦夕。显然靠自身的力量赵国绝不是秦国的对手，所以，太后不得不请求与赵国关系较密切的齐国增援。齐王虽然答应出兵，但按当时的惯例提出了一个条件，即赵国必须派太后的幼子长安君到齐国去做人质。太后由于溺爱幼子，一时糊涂，甚至蛮不讲理，对于大臣的强谏，她恼怒至极，公开下令警告群臣："有复言令长安君为质者，老妇必唾其面！"在这样的情况下，触龙去见她会有什么结果呢？现在让我们展开这个故事的完整情节吧。

左师触龙去见太后。太后气冲冲地等着他。触龙做出快步走的姿势，慢慢地挪动着脚步，到了太后面前谢罪说："老臣脚有毛病，不能快跑，很久没来看您了。我私下原谅自己呢，又总担心太后的贵体有什么不舒适，所以想来看望您。"太后说："我全靠坐辇走动。"触龙问："您每天的饮食该不会减少吧？"太后说："吃点稀粥罢了。"触龙说："我近来很不想吃东西，自己勉强走走，每天走上三四里，就慢慢地稍微增加点食欲，身上也比较舒适了。"太后说："我做不到。"但怒色稍微消解了些。

左师说："我的儿子舒祺，年龄最小，不成材；而我又老了，私下里很疼爱他，希望能让他递补上黑衣卫士的空额，来保卫王宫。我冒着死罪禀告太后。"太后说："可以，年龄多大了？"触龙说："十五岁了。虽然还小，但希望趁我还没入土就托付给您。"太后说："你们男人也疼爱小儿子吗？"触龙说："比妇女还厉害。"太后笑着说："妇女更厉害。"触龙回答说："我私下认为，您疼爱燕后就超过了疼爱长安君。"太后说："您错了！不像疼爱长安君那样厉害。"

触龙说："父母疼爱子女，就得为他们考虑得长远些。您送燕后出嫁的时候，握住她的脚后跟为她哭泣，这是惦念并伤心她嫁到远方，也够可怜的了。她出嫁以后，您也并不是不想念她，可您祭祀时，一定为她祝告说：'千万不要被赶回来啊。'难道这不是为她做长远打算，希望

171

她生育子孙，一代一代地做国君吗？”太后说：“是这样。”触龙说：“从这一辈往上推到三代以前甚至到赵国刚建立的时候，赵王被封侯的子孙的后继人还有在的吗？”赵太后说：“没有。”触龙说：“不光是赵国，其他诸侯国君的被封侯的子孙的后继人还有在的吗？”赵太后说：“我没听说过。”触龙说：“他们当中祸患来得早的就会降临到自己头上，祸患来得晚的就降临到子孙头上。难道国君的子孙就一定不好吗？这是因为他们地位高而没有功勋，俸禄丰厚而没有劳绩，占有的珍宝太多了啊！现在您把长安君的地位提得很高，又封给他肥沃的土地，给他很多珍宝，而不趁现在这个时机让他为国立功，一旦您百年之后，长安君凭什么在赵国站住脚呢？我觉得您为长安君打算得太短了，因此我认为您疼爱他比不上疼爱燕后。”太后说：“好吧，任凭您指派他吧。”于是就替长安君准备了一百辆车子，送他到齐国去做人质，齐国的救兵才出动。

现在我们来看，触龙劝说赵太后之所以能大获成功，主要在于他巧妙地使用了“良言战术”——首先他使自己的谈话出乎太后意料之外；其次，要用闲话拖长交谈的时间，来缓解太后的“盛气”；更重要的是，利用自己年龄大、资格老、关系深等种种有利因素，从本身的体衰多病说起，以同病相怜的切身体会来打动太后。既说他“愿见”太后，则太后必以为是来劝说自己放走小儿子远离国土、入质齐国的，所以先做了精神准备，以“盛气”凌人的态度等着与对方唇舌交锋。而触龙却有意识地显出老态，见面以后，开口就自我道歉，说明自己不良于行，所以少来谒见；但对太后的健康又表示关切，仿佛再不来谒见太后就实在放心不下了。这一席话全出乎太后意料，太后早就准备好的全副精神武装根本没有用上。这时实际上触龙已取得了几分胜利，他不是“先声夺人”，而是用情感把太后给软化了。两人的对话很自然，触龙是用同情、慰藉和关心的"将心比心"的感情来解除太后的精神武装，转变她无可理喻的错误态度的。

试想，假如触龙在一开始时态度有失谦恭，语言有失礼貌，那么，结果估计不仅不能顺利说服太后，更糟糕的可能是招致杀身之祸。所以，说话的方式是一个人是否有礼貌、有修养、有智慧的标志。我们在日常的生活中一定要注意这个问题。

〰️ 悟语

以礼貌、温和的语言为人处世可以取得事半功倍的效果。

放下你的优越感

如果一个人总是把他的优越感摆在别人面前，那是一种无礼、无智，以势压人的愚蠢行为。而且最终只会遭到他人的攻击和唾弃。

从前，有一位女施主，家境非常富裕，不论是财富、地位、能力、权力，还是美丽的容貌，都没有人能够比得上她；但她整天总是郁郁寡欢的样子，连个可以谈心的朋友都没有。由于优越感的驱使，使人们都不喜欢跟这位女施主交往，因为她会在有意无意中伤害别人，久而久之连最亲密的朋友都疏远她了；譬如，好友兴冲冲地打电话告诉她，用了折价券到批发店买到许多便宜的保养品，而她总是说："噢！你还到这种地方买东西呀，我只敢在有品牌的专柜买，那里的价格也不是很贵哦。"这样的话除了让人产生距离感还会有厌恶感。于是她就去请教无德禅师，如何才能使自己具有魅力，以赢得别人的喜欢。

禅师告诉她说："如果你能随时随地和各种人合作，并具有和佛一样的慈悲胸怀，讲些禅话，听些禅音，做些禅事，用些禅心，那你就一定会成为有魅力的人。"

这位女施主听完后非常的开心，虔诚地问道："那禅话怎么讲呢？"

禅师道："禅话，就是说欢喜的话，说真实的话，说谦虚的话，说利人的话，而不是说处处显示自己优越的话。"

女施主接着又问道："那禅音又要怎么听呢？"

禅师答道："禅音就是化一切音声为微妙的音声，把辱骂的音声转为慈悲的音声，把毁谤的音声转为帮助的音声，把不屑的音声变为尊重的音声，把骄纵的音声变为体贴的音声；同时哭声、闹声、粗声、丑声，你都能不介意，那就是禅音了。"

女施主再问道："禅事怎么做呢？"

禅师回答说："禅事就是布施的事，慈善的事，服务的事，合乎佛法的事。"

女施主更进一步问道："禅心是什么呢？"

禅师道："禅心就是你我一如的心，圣凡一致的心，包容一切的心，普利一切的心。说到底要有一颗善良慈悲的心。"

女施主听后，一改从前的傲气，在人前不再夸耀自己的财富了，也不再自恃自我的美丽，没有了以前那种不可一世的优越感了，对人总是谦恭有礼，对朋友尤能体恤关怀，大家变得都很喜欢她了，不久就被评为"最具魅力的施主"！

现代社会，似乎很多人都有一种莫名其妙、不知所以的优越感，当地人看不起外地人，大城市的人看不起小城市的人，城市人看不起农村人，富人看不起穷人，白领看不起蓝领。

这种优越简直有点浅薄、可笑。其实，每个生命都是值得尊重的存在，都有令人感动的地方，这种莫名其妙的优越感只能彰显自己的幼稚与肤浅。一个懂得人生的人，绝不会轻易去否定或忽略一个人，因为任何一个生命都有别人不可超越的价值和特质。而拥有这种心理的人也一定是一个品德高尚的人。还是讲一个真实的故事来证明这一切吧！

有一年冬天，在一个寒风凛冽的夜晚，有一位老人正在渡口等待渡河。

一个接一个的骑士从他身边经过，但是他都没有开口求助。当最后一个骑士过来时，老人终于开口了，说："先生，您能不能载我到对岸去？"这位骑士愉快地答应了，他不仅把老人载过了河，还送他到几里外的目的地。

临告别时，这位骑士好奇地问："先生，我注意到您眼睁睁地看着前面几个骑士经过，而直到我来时你才来求助，这是为什么呢？"

老人不慌不忙地回答："我很会看人的，我看其他骑士的眼光，马上就了解到他们根本就不关心我的状况，他们都有着一种贵族的优越感，而对于卑微的我他们甚至有一种不屑和嫌弃。但是当我看您的眼光时，很明显地找到了仁慈和怜悯。"

这位骑士不是别人，正是美国历史上的第三位总统——托马斯·杰克逊。

托马斯·杰克逊出身贵族，接受过最好的教育，又极富卓越的思想和才能，为美国社会作出了杰出的贡献，但他却没有丝毫的优越感，而总是以仁慈的心对待每一个卑微的人，他是一个懂得生命的人，所以才被尊为"人民的人"。

不可否认，人们的出身、教育、能力、外貌总是存在差别的。但并不是说你的这些优越性可以拿来当做伤害别人的工具，杰克逊的修养、仁慈，造就了他崇高的地位并得到了整个国人的礼遇。我们都是平凡人，虽然无法得到杰克逊所拥有的，但至少可以让自己待人接物的良好修养为自己赢得良好的生存氛围。

❧ 悟语

我们只是一个平凡不过的普通人，在任何人面前都不要表现出自己优越于他人。

有道之人更谦卑

从谂禅师是赵州一位有名的禅师。有一天，赵王专程去拜访他，此时的他正在禅床上休息，听到侍僧说有客人来访的禀报，非但没有起身，反而躺着对已走进禅房的赵王说道："大王，我现在已经老迈，以至于无力下床接待你，请大王莫怪。"

赵王听后，并未有半点责怪，反而更增加了对从谂禅师的尊重。这次来访的几天之后，赵王便派一位将军给禅师送来礼品。令人意外的是，

176

此次，从谂禅师一听禀报，马上下床到门外相迎。

他座下的一些学僧颇为不解，赵王的部下到来能下床到门外相迎，而赵王亲自驾临时却卧床不起。他们便带着这份疑惑去请教禅师。

从谂禅师听了这些学僧的疑问之后，哈哈大笑一声，转而严肃地说："你们有所不知，老衲的待客之道分为上中下三等：在床上用本来面目接待上等人；下床到客堂里用礼貌接待中等人；用世俗的应酬到门前去迎接下等人。"

由此可见，老禅师心中的有道之人当是谦谦君子，不以地位之尊贵而要求于人，不以别人的不敬而计较于人。而无道之人因为没有宽阔的心胸、良好的修养，所以要求别人去迁就他、去尊重他。所以，有道之人才更谦卑。

老子在《道德经》中称有道之士"神情畏畏缩缩，像冬天涉水过河似的"。

但是，有的人为什么官越大越是趾高气扬呢？这是一个有趣的问题。有的人处在高位，发现是站在悬崖边上，危险得很；有的人处于高位，以为躺在自己家里，安逸得很。有道无道的差别就在这里。

有道之士，"行事谨小慎微，像四周遍布强敌似的"。

有一次，一位大臣来找郭子仪，到了王府门口，发现门前没人守卫，大门敞着，一直能望到大厅。大臣见无人通报，便径直走到郭子仪的卧房，看见他正在给妻子梳妆。后来这件事在朝中传开了，众大臣都笑郭子仪的闺房闲情。他的儿子们知道这件事后，很不高兴地对父亲说："父亲德高望重，却不知自爱，似乎不妥吧！"

郭子仪摇了摇头，说道："你们哪懂得我的心意。从前我凭努力和勇敢开创事业，现在我功高位显，多少人眼红我的成就啊！如果我闭门

177

拒客于千里，万一有人诬告我，没人能辩得清楚，可能会招来灭九族的大难。现在我门户大开，一切都摆在别人眼前，没有什么秘密。即使有人想加害于我，也找不到什么借口。你们认为应该打开门平平安安过日子，还是关起门来提心吊胆地过日子呢？"

这个郭子仪就是一个有道之人。他知道"匹夫无罪，怀璧其罪"的道理。一个人成就出众，就必然有人眼红，稍一不慎，就可能惹来不测之灾。所以必然事事考虑周详，如临大敌。

有道之士，"言语谦逊礼貌，像在人家做客似的"，这是因为无论做人做官，总要讲修养、讲文明礼貌！但社会上有一种现象很让人奇怪：地位越崇高的人，态度越谦逊，尽量软其言、温其貌、悦其意，好像生怕对方受到惊吓似的。反而是那些地位低下的人，若有机会展示手中一点小权力，就尽量表现出高高在上的样子，好像生怕吓不住对方似的。这种现象似乎可以这样理解：狮子若不尽量友善，谁敢接近它？小狗汪汪叫，不是想咬人，而是害怕受到伤害。所以，我们看见某个小人物表现出高高在上的姿态时，要有同情心，尽量别伤他的自尊心。

有道之士，"表情慵散脆弱，像春冰将融似的"，给人的感觉好像很容易受到伤害似的。他这副样子并非出于做作，而是出于对事物本质的了解。他知道，他的事业要靠大家帮衬，若无人帮忙，事业越大，垮得越快。所以他才谦虚到谦卑的地步。正因为他好像容易受到伤害，人们就越发不忍心伤害他，而且愿意全力维护他。假如有人想伤害他，这时你就知道他有多强大了！

有道之士，"处世敦厚朴实，像未经斧凿的树木似的"，这是对人情世故、成败规律已经有了透彻的领悟。像我辈这等小人物，还不曾悟道，平时耍个小聪明、说个小谎话、做几件自作聪明的小事，并为之沾沾自喜，以为做人做事就该放聪明一点，但真正的大人物却不是这样，他们有一个共同特点：说话坦诚直率，言无不尽。大人物都悟通了这一点，所以他们抛弃了自作聪明，回复到依道而行的自然之境，这就显得纯朴起来了。

有道之士，"心地宽广通达，像汪洋江海似的"，有大量方能成大器，这跟人生目标有关。

如果你的志向是治理一个国家，在一个国家里，必然有好人坏人，难道你能把那些小偷强盗骗子都杀光吗？没有这个道理！你心里承认好人坏人都是一种必然存在，就比较容易想得通、看得破，心地自然宽广起来了。如果你的志向是管理一家大公司，在一家大公司，必然有勤奋敬业的员工，也必然有得过且过混日子的员工——据盛田昭夫、玛丽·凯什等大企业家的说法，这两种人各占四分之一左右。你心里承认好员工和坏员工都是一种必然存在，就比较容易接受这个事实了，心地也自然宽广起来。

在一个小团队，倒是可能个个优秀。如果你的事业目标很大，若想全让好人为你效力，是不可能的。另外，如果你心里有目标，日常遇到什么不如意的事，心里一评估，觉得它对人生目标影响不大，就无所谓了。我们生活中绝大多数事情都不会对人生目标构成威胁，只要你心里有目标，不如意的事就没那么多了，心地能不豁然开朗吗？

有道之士，"外表糊涂混沌，像泥流浊水似的"，这个意思是说，不要那么精明，不要那么清高，要能够很容易地跟众人融洽相处。唯其如此，才能建立事业基础！

某女士是一家公司的王牌推销员。她待人一点架子都没有，对谁都和颜悦色。中午休息时，她常跟同事打牌，赌小钱。每局结束，输了她就问：我该出多少？赢了她就问：我该进多少？人家说多少就是多少。有时人家故意说多说少，她也照出不误，像一点不知道人家玩了虚招。这么一个看似糊涂的人，如今她已创办了一家不小的公司，生意做得很红火呢！

　　由这件事，我们就可以看出那些看起来糊里糊涂的高人，是真糊涂，不是装糊涂。大家都是聪明人，你能装得那么逼真吗？他们的糊涂，不是傻，而是不用心。小菜一碟，玩玩而已，用得着操心吗？在小事上不用心，在大事上专心一意，哪有不成功的道理？有些人专在小事上用心，哪有时间想大事呢？

悟语

　　有道之人是那些比他人更深知为人处世的大道理的人。